# Notes et Souvenirs

## D'UN OFFICIER D'ÉTAT-MAJOR

### (1831-1904)

COULOMMIERS

Imprimerie PAUL BRODARD.

## COLONEL CHARLES CORBIN

### 1831 - 1904

Imp. Ch. Wittmann

COLONEL CHARLES CORBIN

1827 - 1904

COLONEL CH. CORBIN

# Notes et Souvenirs

## D'UN OFFICIER D'ÉTAT-MAJOR

### (1831-1904)

# PARIS

## LIBRAIRIE HACHETTE ET C<sup>ie</sup>

79, BOULEVARD SAINT-GERMAIN, 79

—

## 1906

Droits de traduction et de reproduction réservés.

# AVERTISSEMENT

Qui de nous, emporté dans la course fiévreuse
de l'époque actuelle, ne ressent, parfois, le besoin
de se retourner vers le passé, de suivre, en idée,
des heures moins incertaines? Une période surtout nous tente, peu éloignée et, chose étrange,
calomniée et méconnue des générations nouvelles :
le second Empire. Il compte des années heureuses, il réalise de beaux rêves, il abonde en
hommes de caractère, en figures captivantes. La
France alors aimait la gloire. Les campagnes de
Crimée, d'Italie, marquèrent une époque d'énergie
et d'essor. Tout semblait facile. Le pays, plein de
feu, croyait recommencer l'épopée impériale ; il
se jugeait invincible et croyait l'Empire éternel.

Nous n'imaginons qu'à grand'peine, à présent,

la quiétude, la confiance, la joie de la France au temps du règne de Napoléon III. Et cependant, c'était hier. Nombreux sont les témoins de ces jours fastes, encore vivants parmi nous. Ils portent légèrement, pour la plupart, le poids des ans, car ils partirent d'un tel élan dans la vie, que leur vieillesse a plus de gaieté, plus de ressort que la jeunesse d'aujourd'hui, venue au monde à une heure de doute et de désenchantement.

Parmi les hommes qui incarnèrent le mieux l'esprit d'entrain, d'action, de sécurité, dont fut ensoleillé le second Empire avant son prompt déclin, nous pouvons citer celui qui revit dans les pages de ce livre. Le colonel Corbin fut le type achevé du Français de distinction, épris du métier le plus estimé à une époque où la bravoure n'avait point cessé d'être, en France, un culte national; le métier des armes. C'était le temps où l'on allait du même pas au plaisir et à la peine. Le colonel Corbin eut une admirable carrière et, s'il fut ardent à vivre, ainsi qu'on le sent entre les lignes de ses notes primesautières, il sut accepter, en philosophe et en croyant, la souffrance physique, qui vint l'arrêter dans sa marche au bonheur. Lorsque l'épée s'échappa de sa main affaiblie par la douleur, il domina son mal pour exprimer, dans des écrits, d'une forme remplie d'aisance et de justesse, sa passion du beau et du bien, son attachement aux idées généreuses. Ce livre en témoigne; il a, en outre, l'attrait d'évoquer tout spécialement le prestigieux tableau qui fut le clou de la féerie impériale, cette fresque de guerre, peinte sur fond de pourpre aux couleurs d'Angleterre, de France et de Russie : le siège de Sébastopol. Le penseur qu'était le colonel Corbin s'affirme dans un autre tableau, qui contraste singulièrement avec celui de la victoire criméenne.

Le soldat heureux d'Orient et d'Italie fut déchiré jusqu'au fond de l'être par le désastre de Sedan. Dans la retraite et la douleur, le cauchemar de la défaite le hantait. Il imaginait comment on aurait pu vaincre, il concevait les décisions qu'on aurait dû prendre, les mouvements qu'on n'osa point tenter.

Ce n'est plus là le conteur primesautier qui s'épanche, c'est l'officier au coup d'œil pénétrant, à la volonté forte, qui raisonne de la science et du devoir du combat.

Son hypothèse de « victoire à Sedan » est de celles que plus d'un homme de guerre approuve. Elle montre ce que le colonel Corbin aurait pu être et quel vaillant il fut.

Puisque la fatalité du sort l'arrêta au cours de sa carrière, on ne peut trouver dans ces pages le récit d'une vie complète de soldat ; elles ne contiennent même qu'une vision partielle de l'existence de l'auteur et des événements auxquels il fut mêlé.

Les souvenirs de Crimée n'étaient pas destinés à être publiés, ce sont des impressions notées au courant de la pensée. Mais la spontanéité avec laquelle ces incidents personnels sont racontés leur donne presque un attrait de plus en laissant se dégager sans contrainte l'entrain juvénile, la vivacité et le charme de celui qui les vécut.

*
* *

Charles-Émile Corbin était né à Paris, le 24 juin 1831. Son père comptait au nombre des plus honorables notaires parisiens. D'excellentes études au vieux collège Rollin lui permirent d'entrer, à vingt ans, à l'École Polytechnique. Époque bénie. Que de souvenirs charmants elle lui laisse !

Le voilà, deux ans plus tard, à l'École d'État-major : il en sortit comme il y était entré, avec le numéro 1. On l'envoie au 2ᵉ régiment des voltigeurs de la Garde. Deux mois après, au saut du

bateau, il entraîne ses hommes à l'assaut de
Malakoff. La journée fut rude. Il l'a contée telle
qu'il la vit, se bornant à rapporter ce dont il fut
témoin. C'est un des plus curieux et plus vivants
récits d'histoire épisodique. Rentré en France, il
quitta les voltigeurs pour la cavalerie. On le
nomme capitaine. Dès lors il sera uniquement officier d'État-major. Aide-de-camp du maréchal Niel
en Italie, en 1859, il est à Magenta et à Solférino,
où il est fait chevalier de la Légion d'honneur.
Chef d'escadron en 1868, il seconde le Maréchal
dans ses travaux de réorganisation des forces
militaires de la France. Il eut sa part des
angoisses et du labeur du ministre averti des
ambitions avides des Hohenzollern. Hélas! les
Chambres n'écoutèrent point le ministre soldat
clairvoyant...

Niel mort, le commandant Corbin part pour
Londres en qualité d'attaché militaire. 1870 le
rappelle. Il prend place dans l'état-major de
Mac-Mahon. Blessé à Freschwiller, où il recevait
la croix d'officier de la Légion d'honneur, il combattait quand même à Sedan, lorsqu'il fut pris,
le fusil en main, comme un simple soldat, faisant
le coup de feu sous les murs de la ville. Revenu
de captivité, en mars 1871, il fut nommé chef
d'état-major de la garde nationale par le gouver-

nement de Versailles. La Commune vaincue, il est mis à la disposition de la Commission de l'Armée, élue par l'Assemblée nationale. Lieutenant-colonel en 1873, il part bientôt, comme attaché militaire en Autriche-Hongrie. Il revient en 1877 pour remplir les fonctions de sous-chef d'état-major du 8ᵉ corps. Quelques mois se passent et on le trouve chef du cabinet du ministre de la Guerre, général Borel.

Il fut nommé colonel en 1878; il avait quarante-sept ans. Les emplois divers où il s'était distingué lui donnaient le droit d'arriver rapidement aux plus hauts grades. Mais, soudain, les fatigues d'une existence si remplie eurent raison de sa résistance physique. Quoique superbe de prestance, il ne pouvait plus monter à cheval. Il prit sa retraite, résigné, et continua de vivre, de moins en moins valide, domptant par sa force morale, restée entière, le mal qui prétendait le terrasser.

Pendant vingt-six années, jusqu'en 1904, il a vécu, retiré de l'armée, entouré d'amis choisis et aimé de tous ceux qui l'approchaient. Sa maison était celle de la bonne humeur et de la courtoisie. Pour oublier la souffrance, il travaillait à des études militaires, à des romans, à des pièces de théâtre. Musicien, dessinateur, architecte, littérateur, il était du petit nombre de ces hommes d'éducation parfaite et d'intelligence vive, auxquels rien d'humain n'est étranger. Et qu'on ne s'y trompe point : l'éclectisme n'est pas chez eux du scepticisme ; l'aisance et la légèreté, leur assurance, leur mérite, leur savoir, tient dans ce mot : la jeunesse. Ils vivent sans vieillir, experts et indulgents. Ce sont des sages dont la sérénité souriante et juvénile est faite par le calme de la conscience et la bonté du cœur.

Par là le caractère du Colonel Corbin, tel qu'il se montre dans les notes intimes dont ce livre est formé, séduit et retient, et nous fait regretter amèrement que l'époque où il put s'épanouir ait pris fin dans le sang et les larmes. Dure épreuve ! Nous en souffrons encore. Mais l'exemple du vaillant qui revit dans ces pages témoigne, somme toute, des qualités rares de notre race et nous laisse du réconfort.

HENRI DE NOUSSANNE.

COLLÈGE ET ÉCOLES

## COLLÈGE ET ÉCOLES

Un de mes plus anciens souvenirs d'enfance
est le suivant : un salon un peu sombre,
éclairé seulement par une lampe coiffée de
son abat-jour ; sur la cheminée, un buste en
marbre que l'on me dit plus tard être celui de
l'Empereur ; dans un coin, une table à thé avec
une bouilloire d'argent qui chantait doucement. Mon père me tenant par la main, moi
bambin de cinq ans à peine, me présenta à
une dame qu'il appelait princesse et qui me
parut fort imposante. La dame, après m'avoir
embrassé, appela une jolie petite fille qui me
sembla avoir à peu près mon âge et, pendant
que mon père, qui était le notaire de la

princesse, causait affaires avec elle, la petite Studolmina et moi nous fîmes connaissance. Nous nous convînmes sans doute mutuellement beaucoup, car, cette visite s'étant renouvelée plusieurs fois, nous en arrivâmes bien vite à ce badinage enfantin qui consiste à se traiter de petit mari et de petite femme ; puis je cessai de la voir.

Je la revis pour la première fois à quelque vingt-trois ans de là, au début de la guerre d'Italie, à Turin. Comme je déjeunais dans la luxueuse salle à manger de l'hôtel de l'Europe, je remarquai une charmante jeune femme, à la chevelure noire et abondante, assise seule à une table peu éloignée de la mienne. Je m'informai de son nom, et appris ainsi que j'avais près de moi ma petite compagne d'enfance.

La comtesse de Solms, qui plus tard devait s'appeler successivement Mme Ratazzi et Mme de Rute, ne se doutait certainement pas que le jeune capitaine qui la regardait grignoter son *grisini* du bout de ses dents blanches, était le premier en date des nombreux maris que son esprit et sa beauté devaient tour à tour subjuguer.

Non moins anciens sont les souvenirs que j'ai gardés de promenades au Bois de Boulogne. Combien le Bois de cette époque différait de celui d'aujourd'hui, et comme en ce temps-là il semblait loin de Paris! C'était tout un déplacement. On frétait une voiture, et l'on partait en compagnie des grands-parents. Après avoir longé les steppes dénudées qui formaient le haut des Champs-Élysées, franchi la grille d'octroi flanquée de deux pavillons lourds et disgracieux, on gagnait la Porte Maillot. C'était la pleine campagne. Il était rare que quelque foire embryonnaire ne s'y tînt pas en permanence. Je vois encore les chevaux de bois tournant aux sons d'un orgue plaintif, j'entends les détonations des tirs au pistolet, je sens l'odeur exquise des gaufres saupoudrées de sucre à la vanille qui se soulevait en un nuage odorant, quand les dents s'enfonçaient dans la pâte croquante et brûlante. Puis on partait à pied, on se perdait dans les sentiers les plus reculés du bois, pendant que les chevaux se reposaient d'une course aussi longue. Quelle joie, quand au fond d'un taillis un lapin déboulait brusquement, troublé dans ses ébats ou son repas champêtre! Et l'on revenait, portant dans les bras des gerbes de fleurs et de hautes graminées, des branches de chèvrefeuille sauvage à la douce odeur de miel, et surtout des genêts, des bottes de genêts, à la belle couleur d'or, au parfum capiteux. Depuis, sans que je puisse définir exactement pour quelle cause, soit qu'à travers ces fleurs m'apparaisse l'image des êtres chers aujourd'hui en partie disparus, qui prenaient part à ces promenades, soit qu'une brusque évocation des souvenirs d'enfance m'attriste par la comparaison de mon insouciance d'alors avec les tristesses dont plus tard j'ai eu ma large part, je n'ai jamais pu voir un talus ou le bord d'un sentier tapissé par des genêts en fleur, ni respirer

leur senteur pénétrante, sans être assailli par
une invincible mélancolie.

Au début de mon éducation, je traversai
d'abord comme externe deux petites pensions
borgnes, rue Sainte-Anne et rue de la Pépinière. De l'une d'elles, j'ai retenu le souvenir
suivant : un jour de grande promenade, on
nous avait entassés dans des omnibus et conduits au bois de Vincennes. Quand nous
eûmes bien joué, on nous fit entrer pour goûter
dans une sorte de restaurant. Là, un *grand*
annonça qu'il allait nous représenter une scène
de comédie. C'était un garçon maigre et élancé,
aux longs cheveux rejetés en arrière, au visage
osseux et en lame de couteau qu'éclairaient
deux yeux pleins de feu et d'intelligence.

Alors, devant nous autres *petits*, rangés le
long de la muraille et qui l'écoutions bouche
bée, il se mit à déclamer, en arpentant fiévreu-
sement le plancher de la salle, et en lançant
vers le ciel des regards inspirés, une scène
de je ne sais quel vieux mélodrame de Bou-

chardy. Son nom m'est resté dans la mémoire. Je devais le revoir bien des fois sur les affiches des théâtres de drame. Il s'appelait Taillade.

Trois cours plantées d'arbres chétifs, séparées entre elles par des murs, et bordées par des corps de logis élevés, percés d'innombrables fenêtres, tels étaient les bâtiments qui composaient le collège municipal Rollin, avant qu'il eût émigré dans les luxueuses constructions qu'on lui a édifiées avenue Trudaine. Là se sont écoulées près de sept années de mon existence, vers lesquelles, en dépit de bien des heures fastidieuses passées dans ce morne séjour, il ne me déplaît pas encore aujourd'hui de me reporter par la pensée. C'est que la camaraderie est là, qui rend tolérable cette pénible claustration, et que des ennuis supportés en commun on prend bien plus volontiers son parti. D'où vient que les amitiés de collège sont peut-être les plus solides et les plus durables de toutes? N'est-ce pas parce que, à l'âge où on les contracte, les impressions étant plus neuves sont plus vivaces, et que, les déceptions n'ayant pas encore engendré la méfiance, les cœurs se donnent avec plus d'abandon? Et, quand le hasard remet en présence deux anciens camarades séparés depuis de longues années, voyez-les s'aborder avec un joyeux sourire et le visage épanoui, en même temps que leur revient aux lèvres le tutoiement du vieux temps. C'est que leur jeunesse a surgi inopinément devant eux, c'est que dans le personnage bedonnant, chauve ou grisonnant dont ils serrent la main, ils revoient, comme par une sorte de mirage de la pensée, le svelte adolescent aux cheveux blonds et bouclés avec lequel ils faisaient dans les cours du collège de si merveilleuses parties de ballon, et qu'à travers leur interlocuteur, ils se revoient eux-mêmes, tels qu'ils étaient alors, jeunes, ardents, pleins de vigueur, dans tout l'éclat de leur quinzième année.

J'ai conservé toute ma vie bon nombre de ces amis d'enfance, et mes relations avec la plupart d'entre eux, interrompues souvent par

les exigences de carrières différentes, n'ont
jamais entièrement cessé, sauf le jour — et
combien de fois déjà ce cas douleureux s'est-
il présenté! — où la mort y mettait un terme
forcé. Citerai-je des noms? Qu'on veuille bien
ne pas perdre de vue que le collège Rollin
était à cette époque exceptionnellement bien
composé, et qu'on ne se gênait pas à Louis-le-
Grand et à Charlemagne pour nous traiter
d'aristocrates, ce dont nous ne nous trouvions
pas offensés. Parmi les disparus, je mention-
nerai, au hasard de la plume, comme appartenant à ma classe ou aux classes voisines : Henri
de Pêne, déjà charmant, type accompli d'élégance et de distinction; d'Ideville, l'auteur des
*Mémoires d'un diplomate*, doué d'un esprit si
fin, d'un cœur si excellent; Beulé, l'éminent
membre de l'Institut; de Besplas, l'héroïque
officier de marine, mort victime du devoir en
procédant au sauvetage d'un bâtiment en
détresse; Manet, le chef d'une nouvelle école
de peinture, déjà distancée par d'autres plus
intransigeantes encore; Bureaux de Pusy,

petit-fils de Lafayette par sa mère, mort colonel du génie; et que d'autres encore! Parmi les vivants[1], bornons-nous à nommer : de Soubeyran, le membre du Parlement qui s'entend le mieux aux questions financières; Édouard Delessert; Firmin-Didot, l'héritier et le continuateur d'une dynastie de grands éditeurs; Merlet, aujourd'hui sénateur; de Mornay, l'heureux créateur du Concours hippique; Rolle, ancien député; de Canclaux, ancien ministre plénipotentiaire; Le Blant, une des sommités du corps de l'Inspection des Finances; Chauchat, conseiller d'État; Gourbine, qui appartint à l'administration; Jules Bapst, qui pendant un temps, de midi à cinq heures, successeur des Bœhmer et Bossange, se transformait de cinq heures à minuit en héritier des Bertin et dirigeait l'austère journal des *Débats*; Philippe Bouillet, « le fils du Dictionnaire », comme nous l'appelions; Jouet-Pastré, le président des Forges et Chantiers de la Méditerranée.... J'arrête ici cette énumération déjà

1. Ces lignes ont été écrites en 1897.

longue et, des élèves passant au personnel enseignant, je note deux silhouettes particulièrement intéressantes, et que je m'en voudrais de laisser dans l'ombre.

Dans la classe de troisième, un homme d'une trentaine d'années à peine, le regard comme perdu dans le vague, la figure douce, le front intelligent, parcourt l'étude de long en large pendant les deux heures que dure sa classe, les bras croisés derrière le dos, la robe flottante, la toque sur la tête, et, sans avoir une note sous les yeux, sans se reprendre ni hésiter jamais, nous fait avec une merveilleuse facilité d'élocution un cours remarquable d'histoire du Moyen Age. Ce jeune professeur s'appelait Wallon. Nous ne nous doutions guère — et lui pas davantage assurément — que nous avions sous les yeux un futur Grand Maître de l'Université, bien plus : l'auteur de la Constitution qui régit aujourd'hui la France.

La seconde figure est celle de M. Defauconpret, proviseur du collège, fils du traducteur et traducteur lui-même de Walter Scott et de Fenimore Cooper. Le tout-Paris de cette époque a connu l'éternel et grimaçant sourire de cet excellent et honnête fonctionnaire, dont la timidité était excessive et faisait son désespoir. Un autre sujet de tristesse pour lui était de voir le collège aux destinées duquel il présidait, presque invariablement classé le dernier au Concours général. — Il y eut pourtant de glorieuses exceptions. — Dans le but de remédier à cet humiliant état de choses, il nous avait choisis, un de mes camarades, Paul Fourchy, et moi, comme étant les deux meilleurs élèves de notre classe, et, pour fortifier notre mémoire par des épreuves qui devaient faire de nous des sujets d'élite, il nous donnait à apprendre par cœur des livres entiers de La Fontaine, que nous allions lui réciter dans son cabinet le samedi. Des sorties de faveur étaient la juste récompense de ce labeur supplémentaire. Le système était-il bon? J'ai lieu d'en douter; car nous avions eu l'un et l'autre antérieurement à son application de modestes succès au Concours général, mais, à dater du jour où nous entrâmes en commerce suivi avec le fabuliste, nous cessâmes de récolter le moindre laurier. Par exemple, encore aujourd'hui, je suis capable de réciter couramment *les Animaux malades de la peste* ou *le Chat et le Vieux Rat*, ce qui n'est pas donné à tout le monde!

La révolution de Février me trouva en rhéto-rique. Le crépitement de la fusillade et le grondement lointain de la canonnade perçaient les vieux murs du collège et arrivaient jusqu'à nous. Comme le professeur continuant imper-turbablement son cours se plaignait de notre inattention : « Mais, monsieur, s'écria d'Ide-ville avec un accent pathétique, on égorge nos frères! » Le premier jour de sortie qui suivit, il faisait un soleil radieux. Paris sem-blait en fête. A tous les coins de rue, on ven-dait et l'on s'empressait d'acheter, pour les piquer à sa coiffure ou au revers de son habit, des petites cocardes en rubans tricolores du plus charmant effet. La joie éclatait sur tous les visages. On eût dit que la plus odieuse des tyrannies venait de prendre fin. J'avais toujours entendu parler du roi Louis-Philippe comme d'un souverain prudent, économe, soucieux avant tout du bonheur de ses sujets. Je compris de ce jour que, si les masses sont sujettes aux engoûments rapides et souvent peu motivés, elles sont plus promptes encore à payer par la désaffection et l'ingratitude, sans raisons plausibles, le bien qu'on leur a fait.

Les manifestations étaient fort à la mode à cette époque. Manifester, c'était se promener en bandes par les rues, un drapeau en tête, et en braillant alternativement le *Chant du Départ* et le *Chœur des Girondins*. La *Marseillaise*, j'ignore pour quelle cause, était moins en honneur. Nous ne pouvions pas, nous autres lycéens, ne pas manifester comme tout le monde. Rendez-vous fut pris un dimanche entre les rhétoriciens des divers lycées sur la place du Panthéon, et nous nous mîmes en route, au nombre d'une centaine, précédés par le drapeau de rigueur, en chantant à tue-tête avec plus de conviction que d'ensemble le

*Mourir pour la patrie* des Girondins. Il s'agissait d'aller chez **M.** Carnot, ministre de l'Instruction publique, lui demander de comprendre désormais dans l'enseignement donné par l'Université l'histoire de la Révolution, qui jusqu'à présent n'en faisait pas partie. **Le** ministre ne daigna pas nous recevoir, **mais** un attaché à son cabinet nous présenta, **avec** un sourire quelque peu narquois, une plume et une grande feuille de papier blanc, en nous invitant à inscrire nos noms. Une certaine indécision se manifesta dans nos rangs. **L'un** de nous, à la fin, plus brave que les **autres,** prit la plume et signa fièrement au **haut de** la page. D'autres en petit nombre, desquels j'étais, suivirent ce noble exemple, **pendant** que le gros des manifestants gagnait doucement et sans mot dire la rue de Grenelle. **Je** dois à la vérité de déclarer que la plupart **des** signatures qui précédaient la mienne étaient parfaitement illisibles. Au reste, je ne **sache** pas que cette démarche téméraire ait entravé la carrière universitaire d'aucun d'entre **nous.**

Une autre fois, le rendez-vous était pris devant le collège Bourbon, devenu lycée. Le drapeau faisant défaut, je fis observer que l'on pourrait sans grand inconvénient emprunter au lycée pour quelques heures celui dont les plis tricolores se déroulaient majestueusement au-dessus de la porte d'entrée. L'avis fut goûté, et, passant devant le concierge ahuri, nous allâmes décrocher l'objet en question, dont la hampe se trouva par malheur être d'un poids déplorable. Comme nous redescendions chargés de notre trophée, M. Bouillet — pas « le fils du Dictionnaire », mais bien le « Dictionnaire » lui-même, proviseur du lycée — parut brusquement devant nous. J'étais connu de lui. « Vous aussi, vous en êtes! » fit-il en m'adressant un regard sévère. Ce *Tu quoque* inattendu ne laissa pas de me troubler. Je jugeai inutile de chercher des raisons plausibles pour expliquer ma présence : me glissant le long du mur je me perdis au milieu de mes camarades et ne respirai librement que dans la rue. Nous avions décidé que la manifestation du jour aurait pour but une visite à Lamartine.

Le grand homme, dont à ce moment la popularité était immense, — lui aussi devait connaître les revirements de l'opinion et voir à cette popularité glorieuse succéder la plus cruelle des indifférences, — habitait le ministère des Affaires étrangères, situé alors au coin du boulevard et de la rue des Capucines. Il ne fit nulle difficulté pour nous admettre en sa présence.

Par malheur, la hampe de notre drapeau était tellement longue que son introduction dans la cage de l'escalier fit naître de sérieuses difficultés. De guerre lasse, on le laissa en bas, ce qui nuisit quelque peu à la solennité de notre entrée. Lamartine nous reçut dans son cabinet. Je le vois encore, avec sa haute taille, son grand air, son profil aux lignes régulières, nettement découpé comme le coin d'une médaille antique. Sanglé dans une longue redingote, il caressait distraitement, tout en parlant, les oreilles d'un grand lévrier qui se pressait familièrement contre lui. Peu avare de ses périodes, il nous fit un véritable discours, avec cette pompe oratoire qui lui était familière, nous enseignant quels sont les devoirs qui incombent à la jeunesse et que l'on peut résumer ainsi : se préparer à être de bons citoyens. Puis il nous congédia après avoir embrassé l'un de nous, ne pouvant nous embrasser tous. J'aurais donné beaucoup pour être cet élu; cette bonne fortune ne m'échut pas. Nous partîmes ravis, éblouis.

Le résultat le plus clair, en ce qui me concerne, de la révolution de Février fut que ma famille, dont la fortune avait été momentanément ébranlée par la déconfiture — le mot krach n'existait pas encore — d'un banquier célèbre, me retira du collège Rollin où j'étais interne, pour me faire terminer ma rhétorique comme externe au lycée.

J'y fis de nouveaux camarades : Léon Bouchard, aujourd'hui président de Chambre à la Cour des comptes; l'infortuné Prévost-Paradol, Guillaume Guizot, Levasseur, le sympathique membre de l'Institut, enfin les deux frères de Goncourt. L'un d'eux, Jules, je crois, venait de terminer un drame romantique en vers, intitulé *Etienne Marcel*, dont la lecture me remplit d'enthousiasme. L'externat se prête moins que l'internat à la formation d'amitiés durables, aussi suis-je resté en relations avec un petit nombre de ceux dont je viens de citer les noms.

Le 15 mai de cette même année, dans l'après-midi, comme j'étais allé me promener jusqu'au boulevard avant d'entrer au collège, je vis une imposante et immense manifestation se dirigeant vers le Palais-Bourbon. Composée de plusieurs milliers d'hommes du peuple conduits par des chefs dont l'un d'eux, le révolutionnaire Huber, perclus des deux jambes, était traîné dans une petite voiture attelée d'un poney, elle s'avançait comme un torrent silencieux, sans un cri, sans un chant, bien autrement émouvante en sa marche muette que les bandes qui sillonnaient les rues, quelques semaines auparavant, en hurlant des chants patriotiques. L'occasion de voir le peuple souverain dans l'exercice de sa souveraineté était trop belle pour la laisser échapper, et, tournant le dos résolument au collège, je suivis la manifestation, sans me joindre à elle, bien entendu. J'entraînai même un de mes camarades dont je fis la rencontre, de Noailles, qui depuis fut ambassadeur à Rome et à Constantinople. Après avoir eu le regret de constater qu'un bataillon de mobiles, placé à l'extrémité du pont de la Concorde pour garder l'Assemblée, levait la crosse en l'air sur le passage de la colonne, — faiblesse que ces vaillants petits troupiers improvisés devaient vigoureusement racheter à quelques jours de là aux journées de Juin, — nous arrivâmes place du Palais-Bourbon.

Les grilles du Palais avaient été fermées, mais la prudence des questeurs n'avait pas encore hérissé les abords de la Chambre de ces menaçants chevaux de frise, artichauts et autres objets de fortification accessoire qui témoignent aujourd'hui de la touchante confiance des représentants du peuple à l'endroit de leurs électeurs. Aussi, se faisant mutuellement la courte échelle, s'aidant des saillies et des moulures de la façade, les manifestants procédèrent méthodiquement à l'envahissement de l'Assemblée et franchirent sans grande difficulté la colonnade à jour qui flanque la porte principale du Palais-Bourbon. A ce moment, nous vîmes un officier général en tenue paraître au pied de cette même colonnade, adjurant les envahisseurs de se retirer, luttant contre eux désespérément pour les y contraindre, efforts qui naturellement devaient rester infructueux. Plus tard, j'ai entendu dire que le général Courtais ne s'était pas opposé avec une fermeté suffisante à la violation du Palais dont la garde lui était confiée. J'ignore s'il avait des troupes sous ses ordres et quel emploi il en fit; mais je puis témoigner *de visu* que personnellement il déploya la plus louable énergie. Le spectacle de cet officier général luttant seul, en uniforme, contre une foule tumultueuse était bien fait pour me frapper et ne m'est jamais sorti de la mémoire.

Je voudrais également dire un mot d'un personnage infiniment moins élevé en grade, mais plus célèbre peut-être que l'infortuné général, et devenu légendaire sous le nom de Pompier du 15 mai. On a été jusqu'à contester son existence, ainsi qu'il advient parfois de ces grandes figures qui prennent place dans l'histoire, nimbées de l'auréole que donne la légende. C'est un tort. Le Pompier du 15 mai existait bel et bien, je l'ai vu. C'était un pompier de la banlieue, coiffé d'un de ces énormes casques de cuivre à chenille noire qui sont l'orgueil des populations suburbaines. Il a même escaladé sous mes yeux le soubassement de la colonnade du Palais, en dépit de son monumental couvre-chef, avec une aisance et une maëstria qui lui ont conquis du premier coup toutes mes sympathies.

Après Lamartine, je devais voir Victor Hugo. Un jour, dans une maison de la rue de l'Isly faisant face à celle que j'habitais avec ma famille, je vis s'ouvrir les fenêtres d'un appartement vacant jusque-là et s'opérer un emménagement. Pendant que les commissionnaires s'agitaient, chargeant sur leurs épaules et montant les meubles, un homme au front pensif vint s'accouder à l'appui d'une croisée et regarda longuement dans la rue. Le nom du nouveau locataire circulait déjà dans le quartier et j'appris, non sans un peu d'émotion, que c'était l'auteur de *Notre-Dame de Paris*.

Quand la nuit vint, les regards purent plonger librement à travers les fenêtres vierges de rideaux et dont les persiennes n'étaient pas encore closes. J'en profitai fort indiscrètement, je l'avoue, et y gagnai de voir un gracieux spectacle, celui d'une grande et belle jeune fille, vêtue de blanc, les cheveux épars sur les épaules, qui dans une pose un peu théâtrale alla s'agenouiller sur un prie-Dieu, les mains jointes et les yeux levés au ciel. La charmante personne qui, bien à son insu, offrait à ses voisins ce ravissant tableau, devait être plus tard Mme Vacquerie et avoir la fin lamentable que l'on sait.

Au reste, Victor Hugo séjourna peu de temps dans cet appartement, et quitta bientôt la rue d'Isly pour aller demeurer rue de la Tour-d'Auvergne, avant de prendre le chemin de l'exil.

L'échauffourée du 15 mai n'était que le prélude des désordres bien autrement graves de l'insurrection de Juin. On sait la part active et courageuse que la garde nationale d'alors prit à la répression de la sanglante émeute. Mon père, âgé et très souffrant à ce moment, étant hors d'état de remplir ses devoirs civiques, je revêtis sa tunique un peu large pour moi, coiffai son képi, pris son fusil et me présentai à la mairie de la rue d'Anjou où l'on ne fit aucune difficulté pour m'accepter. Après une distribution de cartouches, ma compagnie fut envoyée à la gare Saint-Lazare qu'il s'agissait de garder contre un coup de main, les Batignolles étant considérées comme suspectes. De quel noble enthousiasme ne sentis-je pas mon cœur déborder, quand vint mon tour d'être détaché en sentinelle au milieu de la nuit, sous le pont du chemin de fer! Je me sentais grandir à mes propres yeux d'un nombre incalculable de coudées, à cette pensée qu'avant même d'avoir dix-sept ans j'exposais ma vie pour mon pays. Et ce n'était pas tout à fait une vaine métaphore, car d'en haut un coup de fusil fut tiré dans ma direction. Je vis la lueur et entendis la détonation; mais je n'oserais en dire autant du sifflement de la balle, quelque envie que j'en pusse avoir, n'ayant pas de ce côté une certitude suffisante. Je ripostai au hasard sur une forme humaine qui me parut s'enfuir dans l'obscurité et criai : « Aux armes! » On accourut du poste; on avait entendu les deux coups de fusil. On chercha un peu et, comme de juste, on ne trouva rien. Mon agresseur avait disparu.

Ce fut, hélas! la seule occasion que j'aurais pu avoir de verser mon sang pour la cause de l'ordre. Pendant que, plus heureuses, d'autres légions luttaient contre les insurgés, côte à côte avec l'armée et les mobiles, éprouvaient des pertes sensibles, et, sur certains points, montraient un héroïsme réel, la mienne, ou tout au moins la fraction dont je faisais partie, était condamnée à un rôle de surveillance obscur et sans gloire. De la gare Saint-Lazare, on nous expédia au parc Monceau avec mission de garder cette partie de l'enceinte, et de fouiller soigneusement quiconque entrerait par la barrière de Courcelles. Il s'agissait de prévenir l'introduction clandestine d'armes et de cartouches dans Paris.

Nous bivouaquâmes dans le manège qui, aujourd'hui, ainsi que toute la lisière du parc considérablement diminué, a fait place à d'élégants hôtels. On était fort gai. Les femmes et les jeunes filles qui se présentaient à la barrière se prêtaient de très bonne grâce et avec de grands éclats de rire aux investigations, poussées parfois plus loin qu'il n'eût été nécessaire, par des gardes nationaux scrupuleux observateurs de la consigne. Ce métier de douanier, malgré les privilèges assez doux qui y étaient attachés, m'humiliait un peu et je ne le recherchai pas. En revanche, j'étais toujours prêt à prendre part aux reconnaissances que l'on poussait au dehors. Mais décidément notre quartier restait calme, l'émeute ne s'y montrait pas.

J'ai gardé très vivace le souvenir d'une autre faction nocturne — moins mouvementée celle-là que la première — montée dans l'intérieur même du parc Monceau. J'avais été placé près de la colonnade qui, aujourd'hui encore, s'arrondit autour d'une pièce d'eau dormante semblable à un miroir ovale, avec la consigne d'observer le mur d'octroi qui se dressait à quelques pas de moi. C'était une admirable nuit d'été, succédant à une journée brûlante. Les hautes cimes immobiles des peupliers découpaient leur silhouette effilée sur un ciel lumineux à force d'être étoilé. Des orangers en fleur que je ne voyais pas, cachés qu'ils étaient par quelque massif, m'envoyaient par bouffées des senteurs pénétrantes à donner le vertige. Dans ce grand silence nocturne, où les feuilles elles-mêmes se taisaient, tant l'air était calme, toute une tribu de rossignols s'en donnait à cœur joie, lançant à plein gosier leurs trilles cadencés, emplissant les bosquets de leur vibrante mélodie. Porté comme je l'ai toujours été, comme je l'étais déjà, vers le culte du beau, je jouissais avec délices de ce rêve shakespearien succédant à la plus prosaïque des journées et, presque en extase, je négligeais de répondre aux cris lointains de : « Sentinelle, prenez garde à vous! » qui m'arrivaient lugubres à travers l'espace. Les deux heures de faction me parurent courtes et ce n'est pas sans un vif regret que j'allai retrouver ma botte de paille dans l'intérieur du manège.

Le dernier jour de l'insurrection, nous eûmes une fausse joie : on nous fit connaître que nous allions être envoyés au clos Saint-Laurent, où la bataille était ardente, l'émeute ayant concentré là ses derniers efforts et ce qui lui restait de combattants. On nous mit même en mouvement; mais presque aussitôt arriva l'ordre de rebrousser chemin, notre concours étant devenu inutile et le combat ayant pris fin. Ainsi, de cette lutte sanglante dans laquelle périrent sept généraux, plusieurs milliers de victimes appartenant aux deux partis et un auguste martyr, l'archevêque de Paris, mort en prêchant la fraternité, je n'avais rien, absolument rien vu. Pour mes débuts dans la carrière militaire, mon amour-propre avait reçu là une cruelle atteinte.

Huit jours plus tard, j'étais dans mon lit » terrassé par la fièvre typhoïde. Pendant trois jours, les médecins désespérèrent de moi. Ma pauvre mère! J'avais compris à sa douleur, qu'elle me cachait de son mieux, combien j'étais malade. Cependant j'en rappelai et peu à peu m'acheminai vers la convalescence. De mon lit de souffrance, à travers la fenêtre ouverte, je voyais sur un balcon en face une caisse pleine de volubilis dont les clochettes d'un bleu violet se suspendaient aux barreaux de la balustrade. Je ne les quittais pas du regard, ces fleurettes. Que j'avais de plaisir à les contempler! Qu'elles me semblaient belles! Si près de la mort, c'était la nature qui me parlait, prenant pour interprète une de ses gracieuses productions, me donnant à entendre que la vie était bonne, que je verrais encore fleurir bien des fleurs et que je n'eusse pas à perdre courage. Et de fait, la vue de mes chers volubilis me réconfortait, et c'était avec un sourire de bonheur que le matin, au réveil, je les cherchais du regard. Quand je fus sur pied, je me traînais comme je pouvais jusqu'aux Tuileries, et là je passais de longues heures délicieuses sous les grands marronniers, ne pensant à rien, très faible, si heureux de me sentir vivre et ne demandant rien autre.

J'étais fermement résolu à entrer dans l'armée, en passant par l'École polytechnique. Comment ne pas accorder un souvenir, si rapide qu'il soit, à l'étonnante institution située au coin de la rue de Berlin et de la rue de Clichy, dans laquelle nous nous réunissions, une dizaine de joyeux garçons, dans l'intervalle des classes de collège, sous le prétexte absolument fallacieux de prendre des répétitions? Comment ne pas parler de ces mirifiques feux d'artifice qu'à la tombée de la nuit nous tirions sur nos fenêtres, avec force soleils tournants et explosions de pétards, en l'honneur d'une jolie blonde qui habitait en face de nous et au grand effroi de tout le quartier? Nous ne nous doutions guère que quarante-deux ans plus tard, une autre explosion d'un caractère moins inoffensif rendrait tristement célèbre ce même coin de rue, et que la maison habitée par l'accorte voisine serait bouleversée de fond en comble par les explosifs des anarchistes.

Tout était étonnant dans cette institution, à commencer par le patron, fantoche bizarre, dont la tête semblait avoir été taillée dans un bloc de buis par un sculpteur inexpérimenté et était encadrée de longs favoris d'un blond fade. Cette tête étrange était plantée sur un corps d'une maigreur invraisemblable, dont les membres ne se mouvaient que par saccades brusques, au plus grand détriment des objets fragiles situés dans le voisinage. De temps à autre, ce personnage singulier invitait ses élèves et leurs familles à des goûters étourdissants, durant lesquels les vins les plus rares coulaient avec une prodigalité inouïe. Les quelques bénéfices qu'il pouvait réaliser se fondaient en notes chez le glacier.

Mon année de mathématiques spéciales fut encore plus extraordinaire. Je me décidai à travailler chez moi, m'abstenant de la fréquentation de toute école préparatoire. Deux fois par semaine, seulement, j'allais prendre une leçon d'une heure chez un vieux professeur qui fut peut-être le premier mathématicien de son temps. Il s'appelait Binet. Ancien répétiteur à l'École polytechnique, il fût arrivé aux plus hautes positions et eût été depuis longtemps membre de l'Institut, n'était son indomptable caractère, qui ne lui permettait de vivre en bonne intelligence avec qui que ce fût. Fort âgé à l'époque où je le connus, il vivait d'une modique pension de retraite dont, à son grand chagrin, il lui fallait servir une portion à sa femme, de laquelle, bien entendu, il vivait séparé. Les hautes mathématiques n'avaient pas de secrets pour lui; en se jouant presque, il découvrait des formules nouvelles, des procédés d'intégration particuliers, qui, s'il se fût donné la peine de les faire connaître, l'eussent à jamais rendu illustre dans le monde de la science. Mais il ne s'en souciait guère, méprisant trop ses contemporains pour leur faire l'honneur de tenir à leur estime. J'étais son unique élève, je devais être le dernier.

Donc, deux fois par semaine, je m'acheminais le matin à travers les vastes espaces dénudés qui s'étendaient alors entre la rue de la Pépinière et le parc Monceau. Je laissais sur ma gauche les abattoirs, entourés de barrières de bois peintes en jaune, qui s'élevaient sur l'emplacement occupé aujourd'hui par l'avenue

Percier, et je gagnais les Ternes, où mon vieux professeur occupait une très petite et très modeste chambre, dans la rue des Acacias. Je le trouvais invariablement occupé à préparer son chocolat et à broyer dans un moulin des gousses de cacao qu'il achetait lui-même chez l'épicier, seul moyen, affirmait-il, d'avoir du bon chocolat, les fabricants de cette denrée étant connus pour retirer du cacao les éléments auxquels il doit sa saveur. Dans la chambre volaient et s'ébattaient en liberté une vingtaine de pigeons privés, dont il avait toujours deux ou trois perchés sur ses épaules ou sur sa tête. Moi-même, pendant que je l'écoutais faire son cours, il n'était pas rare qu'un de ces gracieux volatiles vînt se poser sur moi, cherchant une caresse. Après avoir débarrassé le coin d'une petite table des objets hétéroclites qui l'encombraient, il me faisait asseoir près de lui, et alors, au milieu des roucoulement et des battements d'ailes, la leçon commençait.

Leçon singulière, en vérité. Le système

d'enseignement de mon vieux professeur n'était pas banal. Il ne se préoccupait guère de m'enseigner les mathématiques spéciales, c'est-à-dire les matières sur lesquelles devait porter l'examen d'admission à l'École. Cela, c'était mon affaire ; je n'avais qu'à l'apprendre dans les livres. Il me faisait, lui, un cours de calcul différentiel et intégral, ce qu'on enseigne à l'École même ; il y joignait, qui plus est, un peu de calcul des variations. Pendant une heure, tout en parlant, il couvrait d'équations algébriques de petits carrés de papier que j'emportais et qui me servaient à reconstituer ma leçon. Quelle clarté, quelle précision dans les démonstrations ! J'étais stupéfait de la vivacité de cette intelligence. En parlant, il s'animait et une étincelle brillait dans ses yeux noirs restés très jeunes, au-dessus desquels faisaient saillie deux épais sourcils gris embroussaillés. Par malheur, cette semence excellente tombait sur un bien médiocre terrain. Avec une préparation pareille, j'eusse dû entrer à l'École en tête de la promotion. Il n'en fut rien, et je n'obtins qu'un numéro de classement assez peu glorieux. Mais peu m'importait le rang. J'étais reçu, je triomphais.

Et, si j'avais été reçu, je le devais bien à mon vieux professeur des Ternes. Quand je me présentai devant le terrible examinateur Lefébure de Fourcy, le légendaire et bourru personnage, déjà prévenu contre moi par mon costume du bon faiseur, très différent de l'uniforme disgracieux des lycéens, m'interrogea négligemment, voyant en moi un simple amateur et non un candidat sérieux. Je répondis pourtant assez convenablement. L'interrogation terminée, il me demanda, suivant la formule consacrée, si je possédais des connaissances étrangères au programme. Je l'attendais là. Il tombait bien. Avec une fausse modestie, je lui tendis mes cahiers rédigés au milieu des envolements de pigeons et des senteurs du cacao torréfié : « C'est vous qui avez fait cela? » me dit-il profondément surpris en ouvrant un de mes cahiers. « Oui, monsieur », répondis-je. Désireux de s'en assurer, il m'interrogea au hasard sur un des sujets traités et j'eus la bonne fortune de m'en tirer heureusement. Au ton avec lequel il me congédia, je compris que j'avais partie gagnée.

Que dire sur l'École qui n'ait été dit et redit? Des deux années passées dans les vieux bâtiments de la montagne Sainte-Geneviève, le souvenir qui m'est resté le plus vivace, dominant tous les autres, est celui d'un travail acharné, opiniâtre, incessant, véritable combat pour la vie ; car la carrière, l'avenir, l'existence entière dépendent du classement de sortie. Je revois les longues heures employées, le corps courbé sur la planchette, le tire-lignes et le compas à la main, à la confection d'épures savantes ; les séances dans l'amphithéâtre, avec leurs alignements indéfinis de chiffres et de formules algébriques tracés à la craie sur le tableau noir ; les manipulations de chimie dans les laboratoires et leur escorte obligée d'odeurs âcres et pénétrantes. Je revois aussi les éternelles promenades autour de la cour, durant la longue récréation qui coupait la journée en deux, les projets, les rêves, les confidences échangés entre camarades, la cigarette ou la vulgaire pipe de terre aux lèvres. Au-dessus de nos têtes s'allongeait, pointant dans le bleu du ciel, le clocher de Saint-Étienne-du-Mont ; et, montant plus haut encore, la coupole du Panthéon s'arrondissait, surmontée d'une croix qui, à cette époque, ne blessait les regards de personne. Que de fois j'allai passer ces deux heures de repos dans la vieille chapelle aux fenêtres en ogive que l'on avait transformée en bibliothèque, parcourant de vieux recueils aux couvertures en basane gaufrées d'armoiries dédorées, m'oubliant à feuilleter les grands albums du Piranèse, ce créateur prodigieux d'une architecture fantastique et troublante, avec ses retombées de voûtes sans point d'appui et reposant sur le néant, ses escaliers suspendus dans l'espace et aboutissant au vide.

Je me souviens·encore de chaudes soirées

d'été ; par la fenêtre grande ouverte de la salle d'études montaient à nous, dans la lumière décroissante du jour, des murmures confus, des voix d'enfants s'élevant de ce populeux et loqueteux quartier Saint-Victor, aujourd'hui disparu, dans les ruelles sordides duquel nos regards plongeaient, tandis qu'un orgue plaintif repétait indéfiniment, sans se lasser, le même motif énervant d'un opéra-comique alors en vogue. Mais, ce dont j'aime le mieux à me souvenir, ce sont les sorties triomphales du mercredi et du dimanche, le chapeau penché crânement sur l'oreille, le pan du manteau rejeté par un geste superbe sur l'épaule gauche, l'épée battant le pantalon à double bande écarlate, la tête haute, le regard vainqueur. Comment les passants ne se retournaient pas tous pour me regarder, c'est ce que j'avais peine à comprendre. Les uniformes brodés que j'ai portés par la suite, les épaulettes et les aiguillettes étincelantes, les ceintures aux lourds glands d'or, et même, si j'en excepte la Légion d'honneur, les décorations

multiples de toute forme et de toute prove-
nance qui ont ajouté au prestige de ces uniformes ne m'ont jamais causé une joie comparable à celle que j'ai goûtée, le jour où pour
la première fois j'ai revêtu l'habit aux larges
basques, au plastron bombé, au collet de
velours noir brodé des palmes universitaires,
et où, dans cet accoutrement glorieux, je me
suis livré à l'admiration de mes contemporains.

Depuis 1794, date de la création de l'École
par la Convention sur la proposition de Carnot
et de Prieur de la Côte-d'Or, le personnel
enseignant de l'École n'a jamais cessé d'être
recruté parmi les savants de la plus haute
distinction. Au début, c'était Lagrange, Prony,
Monge. Les noms des professeurs de mon
temps n'étaient pas indignes de figurer à côté
de ces noms illustres. Ils étaient presque tous
membres de l'Institut, tous anciens élèves de
l'École. C'était une règle, à laquelle on se
gardait soigneusement de déroger.

Notre professeur d'analyse était le très fin

et très spirituel **M.** Duhamel. Nous nous amusions fort d'un tic innocent qui lui était propre, lequel consistait à allonger la langue et à se la passer voluptueusement sur les lèvres quand il venait de terminer une démonstration particulièrement réussie, comme fait un gourmet qui vient de savourer un mets exquis. Le professeur d'analyse de l'autre promotion était l'illustre Stourm, célèbre non moins par un théorème auquel son nom a été donné que par la rudesse de ses manières quelque peu incultes. Au moment où le cours allait commencer devant les élèves réunis dans l'amphithéâtre, il était rare que l'un d'eux ne dît pas à mi-voix : « Lâchez le Stourm ! » Alors, on voyait entrer, bousculant tout le monde, et se précipiter vers le tableau noir où, empoignant la craie, il abordait brusquement et sans préliminaires le sujet à traiter, un personnage bizarre, épais d'encolure, lequel suant, soufflant, tamponnant distraitement son front humide avec le torchon du tableau tout blanc de craie, parlait ses deux pleines heures d'horloge, sans s'arrêter ni regarder personne.

Notre professeur d'astronomie et de géodésie était l'éminent M. Faye, lequel, pour une cause ignorée, mâchait tout en professant des bergamottes, qu'il tirait sournoisement de sa poche. Que le ciel (qu'il observe si fréquemment) lui pardonne les dix leçons (est-ce bien dix?) auxquelles je n'ai jamais pensé depuis sans frémir, sur le maniement et la correction des erreurs du théodolite, instrument très précieux aux géodésiens, mais que je n'ai jamais eu l'occasion de revoir depuis la sortie de l'École.

La chimie nous était enseignée par M. Frémy, aujourd'hui encore professeur au Jardin des Plantes, et resté très vert en dépit de ses soixante-dix-huit ans; la physique par un officier de marine, le commandant Bravais. Ce dernier avait pour aide, pour *piston* — tel est le terme consacré, — dans les expériences diverses que le cours comportait, un jeune homme à l'aspect malheureux et chétif, au crâne ovoïdal entièrement dénudé, à l'exception d'une étroite couronne de longs cheveux roux, qui graissaient le col de sa redingote râpée. Il répondait au nom peu ordinaire d'Obéliane. La tradition veut que, lorsqu'il arrivait à parler de l'hygromètre de Saussure, le commandant Bravais s'exprimât en ces termes ou en d'autres analogues : « Cet appareil, messieurs, est basé sur la propriété que possèdent les cheveux de s'allonger ou de se raccourcir proportionnellement à la quantité d'humidité contenue dans l'atmosphère. Vous prenez donc un cheveu ou, à défaut, un poil appartenant à un animal quelconque. Obéliane, approchez. » Obéliane approchait sans enthousiasme et tendait docilement son occiput sur lequel le professeur cueillait délicatement un cheveu, choisi avec discernement, et dont il se servait pour confectionner séance tenante un excellent hygromètre.

Léon Coignet était notre professeur de dessin. Singulier professeur! Pendant que nous exécutions notre académie d'après un modèle vivant posé sur une estrade, Léon Coignet assis sur un banc s'absorbait dans la contemplation du modèle, changeant de place de temps à autre pour l'étudier sous toutes les faces et se préoccupant fort peu de ce que nous faisions.

Puis, quelques minutes avant la fin de la séance, il passait rapidement derrière nous, jetant un coup d'œil distrait sur notre travail, mais sans jamais s'arrêter, ni adresser la parole à personne. Il ne faisait guère d'exception qu'en ma faveur. Je dessinais assez bien et surtout très vite. Mon académie terminée, je prenais une feuille de papier blanc et m'amusais à crayonner *de chic* un personnage de fantaisie, généralement une petite femme à la silhouette plus ou moins élégante. Léon Coignet attendait que mon dessin fût fini, me l'enlevait sans mot dire, le pliait, le glissait dans sa poche et s'éloignait en m'adressant un petit sourire de contentement.

Notre professeur de littérature était M. Rosseuw Saint-Hilaire. Mais nous n'eûmes jamais la bonne fortune de le voir. Il se faisait suppléer par le professeur adjoint, M. de Loménie, l'historien des Mirabeau, lequel depuis fut académicien. Le cours consistait en une lecture, faite à haute voix par le professeur, d'un passage quelconque d'un auteur moderne avec observations à l'appui; de temps à autre, un sujet de composition littéraire nous était donné. Mais la littérature était peu en honneur à l'École. Sa cote, c'est-à-dire son influence sur le classement de sortie, était très faible; aussi les compositions laissaient-elles en général fort à désirer. Au reste, M. de Loménie, déjà absorbé sans doute par ses recherches biographiques sur la famille dont il s'était institué l'historiographe, corrigeait nos devoirs avec une négligence excessive, et il s'écoulait parfois huit ou dix mois avant qu'il nous fît part de son appréciation concernant notre prose.

Ce que je vais raconter coûte un peu à ma modestie. Je possédais un goût assez prononcé pour la littérature. Comme tout collégien qui

se respecte, j'avais fait ma tragédie en cinq
actes et en vers, sans parler d'un certain
nombre de comédies que j'estimais ne pas
être dépourvues de quelque mérite. Enfin,
j'alignais avec aisance des membres de phrase
de longueur inégale, terminés par des asso-
nances conjuguées ou alternées, et que pour
cette raison je jugeais devoir être des vers. Je
ne me doutais pas alors que dans la suite
mes humbles travaux littéraires m'apporte-
raient une précieuse consolation à la douleur
d'être obligé de quitter avant l'âge, pour
raison de santé, une carrière aimée. Or, il
advint qu'un jour on nous donna à traiter le
théâtre dans l'antiquité. Le sujet me plut et
m'inspira. Je décrivis avec amour l'amphithéâtre aux gradins de marbre chargés de
spectateurs, que protège contre les ardeurs du
soleil un immense velum rayé pourpre et or,
le proscenium, avec les évolutions majestueuses des chœurs et ses tambours d'airain
destinés à enfler la voix des acteurs, la scène
encadrée de colonnes corinthiennes, bordée

de buissons de lauriers-roses et s'ouvrant sur la mer bleue, immense, qui lui forme une merveilleuse toile de fond. Bref, j'étais enchanté de moi et m'attendais à recevoir des compliments. Je fus singulièrement déçu. Lorsque, longtemps après, M. de Loménie rendit compte de ces compositions, après avoir cité les meilleures, desquelles la mienne n'était pas, il déclara avoir à signaler avec regret un élève qui n'avait pas craint de recourir en dehors de l'École à une aide étrangère, sa composition présentant des qualités telles que l'on ne pouvait admettre qu'il en fût l'auteur. Et il me nomma. Je protestai avec indignation. En vain je m'offris à donner un pendant au travail dont on me contestait la paternité. Il n'en voulut pas démordre et ne me crut pas. J'en restai fort aigri. J'ignore si c'est pour cette cause, mais plus tard, quand j'eus lu le premier volume des Mirabeau, je trouvai l'œuvre lourde, indigeste, sans intérêt, et ne poussai pas plus loin ma lecture.

Dans le personnel militaire de l'École à cette époque, plusieurs noms sont à citer. Des deux commandants que nous eûmes tour à tour, l'un était le général Bizot, qui deux ans plus tard devait trouver la mort dans les tranchées devant Sébastopol, frappé d'une balle à la tête. Notre commandant en second était le lieutenant-colonel du génie Frossard, lequel, depuis, fut gouverneur du Prince Impérial, commanda en 1870 le deuxième corps d'armée et perdit la bataille de Forbach, faute d'avoir été secondé à temps par des troupes voisines dont les commandants ne surent pas se décider à marcher au canon. La belle prestance militaire du lieutenant-colonel Frossard nous en imposait beaucoup; joignez à cela qu'il était d'une raideur excessive dans le service, ainsi que j'en fis l'expérience à mes dépens, comme on le verra par la suite de ce récit.

J'ai dit que le travail à l'École était excessif, ce qui ne veut pas dire que le rire y fût inconnu, loin de là. Il y avait des heures où l'on s'amusait ferme, et ces heures-là n'étaient pas rares. C'était fréquemment aux dépens du camarade gradé, chef de salle, un bûcheur parfois tant soit peu naïf, que l'on se divertissait. Dirai-je le tour pendable qu'un soir un de mes camarades et moi jouâmes à notre sergent, excellent garçon, retraité aujourd'hui comme ingénieur hydrographe? Il est bon de prévenir que les galons de sergent, distribués en raison du classement à l'entrée, ne conféraient absolument aucune autorité à ceux qui les portaient.

Chaque fois qu'un grand bal était donné dans le monde officiel ou à l'Hôtel de Ville, des billets d'invitation étaient adressés en certain nombre à l'École et tirés au sort. Notre chef de salle en avait obtenu un et ne devait rentrer qu'à minuit. Vers onze heures, alors que tout reposait, un de mes camarades et moi nous nous levâmes doucement, déplaçâmes le lit vide de l'absent et apportâmes à la place qu'il occupait, avec des précautions infinies, le lit d'un autre camarade, lequel dormait à poings fermés et ne s'aperçut pas du déménagement. On voit d'ici la scène qui s'en suivit, le sergent retour du bal trouvant son lit, ou du moins le lit qu'il croyait être le sien, occupé, tombant à bras raccourcis sur le mauvais plaisant, ce dernier, le dormeur, arraché à son sommeil par cette correction sévère dont il ne peut soupçonner la cause, entrant en fureur et ripostant de son mieux pendant que nous autres, instigateurs de ce pugilat nocturne, nous nous tordions dans les spasmes d'un rire convulsif.

Est-il bien nécessaire de relater une autre gaminerie qui était pour nous une source de joies intarissables? Tous les mois environ, le professeur d'allemand, M. B..., faisait la tournée des salles d'études pour corriger nos devoirs. Le personnage nous était particulièrement antipathique. En prévision de sa visite, nous collectionnions soigneusement au laboratoire de chimie certain sel, dont le nom m'échappe, lequel jeté dans l'eau dégage un gaz d'une puanteur insupportable, auprès duquel l'acide sulfhydrique lui-même semblerait presque agréable. Au moment où l'infortuné B... mettait la main sur le bouton de notre porte, vite on glissait le sel perfide dans le seau de zinc posé au pied de la fontaine qui faisait l'ornement de chaque salle. Une odeur méphitique épouvantable emplissait l'étroit local. L'infortuné professeur s'arrêtait un instant sur le seuil, suffoqué. Puis, victime du devoir professionnel, il s'avançait héroïquement, pâle, mais résolu. Nous ne souffrions pas moins que lui, mais le spectacle de son martyre nous rendait supportables nos souffrances. A la fin, à bout de forces, anéanti, il s'élançait au dehors, incapable de lutter davantage. Lui sorti, nous nous précipitions vers la fenêtre et l'ouvrions à deux battants, en dansant une sarabande effrénée.

O le bon rire sain et franc, large et sonore, de la jeunesse! O rire qui fais s'épanouir les visages, détends les nerfs, secoues l'être entier dans des convulsions délicieuses, sois béni, toi qui mets la joie au cœur de la créature humaine! Heureux qui te conserve jusqu'à ces âges avancés de la vie, plus coutumiers des tristesses que des pensées riantes! Mais combien à plaindre ces gens confits dans leur gravité, guindés et moroses qui te dédaignent et font fi de toi, méconnaissant ce sage précepte de Rabelais que le rire est vraiment le propre de l'homme!

Si ami du rire que je fusse, je n'eus pas occasion de rire dans la circonstance que voici.

Au mois de juillet 1852, les Dames de la Halle offrirent un bal au Prince-Président. Ce jour-là, j'avais passé un de mes examens de fin d'année, ce qui me donnait le droit de sortir de l'École jusqu'à dix heures du soir. M'étant procuré un billet d'invitation à ce bal, je ne sais comment, je m'y rendis de bonne heure, avant de reprendre le chemin de la montagne Sainte-Geneviève.

Les halles somptueuses d'aujourd'hui n'existaient pas encore. Une grande tente avait été dressée, recouvrant entièrement la place sur laquelle s'élevait la Fontaine des Innocents. Décorée de fleurs et de verdure, illuminée avec goût, l'œuvre charmante de Jean Goujon occupait le centre de l'immense salle de bal, et de ses eaux jaillissantes, au travers desquelles la lumière se jouait, se dégageait une exquise impression de fraîcheur. Très animée, la réunion : à neuf heures, les danses battaient déjà leur plein. Les toilettes n'étaient peut-être pas d'une correction irréprochable et les épaules nues se faisaient rares, mais sur les robes montantes, généralement d'étoffe fort riche, les lourdes chaînes d'or et les bijoux voyants brillaient à profusion. Assises devant leurs mères, matrones hautes en couleur et au puissant corsage, de charmantes jeunes filles formaient un agréable cordon de toilettes claires et de frais visages. A peine arrivé, je me disposais à partir, non sans un très vif regret, en compagnie d'un camarade retrouvé là, quand à la porte nous fîmes la rencontre du maréchal Magnan, commandant la Place de Paris, duquel j'avais l'honneur d'être un peu connu.

M'ayant demandé et ayant appris pour quelle cause je partais si vite, il m'ordonna de rester, m'accordant ainsi qu'à mon camarade la permission de la nuit, et se portant garant que le général commandant l'École en serait avisé le lendemain matin à la première heure. Confiants dans cette promesse, nous restâmes sans nous faire autrement prier et nous nous mîmes à danser, l'esprit parfaitement en repos. J'avais avisé certaine petite blonde, tout à fait gracieuse et avenante, et je l'honorai de mes attentions toute la nuit, ce dont elle et sa mère n'étaient pas peu fières. Un élève de l'École, pensez donc! Dans l'intervalle des danses, comme les buffets étaient encombrés et inabordables, ma gentille danseuse m'avait fait connaître une sorte de petit café à moitié marchand de vin, dont la boutique s'ouvrait sur une des rues qui longeaient la salle de bal. Je l'y conduisais, l'y abreuvais de sirop de groseille et la ramenais désaltérée à sa mère qui ne savait comment me remercier de mes bontés pour sa fille. Après un nombre incalculable de

quadrilles et de valses entrecoupés d'autant de
verres de sirop, il fallut songer au départ.
Notre rentrée tardive à l'École fit événement;
le fonctionnaire préposé à la porte nous ouvrit
avec des yeux hagards; de mémoire de portier-
consigne, paraît-il, jamais aucun élève n'avait
découché sans permission. Le lendemain
matin, à la première heure, le lieutenant-colonel Frossard nous fit comparaître au cabinet de
service et, après nous avoir fait sentir en
termes véhéments l'énormité de notre faute,
nous infligea huit jours de prison et un mois
de privation de sortie. Alors, prenant la parole,
je lui fis connaître respectueusement la permission donnée par le maréchal Magnan et sa
promesse formelle d'en aviser notre général.
Cette assertion n'eut aucun succès et le colonel
ne craignit pas de traiter mon récit de fable
grossière inventée pour les besoins de ma
cause. Très froissé, je ne jugeai pas à propos
de me défendre plus longuement, comptant
d'ailleurs qu'une lettre du maréchal ne tarde-
rait pas à venir me disculper. Mais la lettre ne

vint pas et, après mûre réflexion, je m'abstins de rappeler au maréchal sa promesse, craignant en le mettant dans son tort de l'indisposer contre moi et de m'aliéner un protecteur utile. Je fis donc mes huit jours de prison, dans une chambre située sous les toits, de la fenêtre étroite de laquelle je dominais l'immense panorama de Paris, et comme ces huit jours constituaient le *temps de pioche* consacré à la préparation d'un des examens sur lesquels j'étais le moins ferré, dans le silence et le recueillement de ma cellule, je travaillai avec acharnement et dus à cette punition, que je bénis par la suite, de passer un excellent examen, dont mon classement fut notablement amélioré.

J'ai dit que les occasions de rire ne nous faisaient pas défaut; mais nos innocentes plaisanteries ne dépassaient guère l'enceinte de la salle d'études dans laquelle nous travaillions par fournées de huit. Tout se perfectionne. Les promotions actuelles ont, avec la permission des autorités, un divertissement officiel qui se donne dans le grand amphithéâtre et s'appelle la *Séance des Ombres*.

Il s'agit tout bonnement d'ombres chinoises, mais d'ombres chinoises comme on n'en voit guère, pour le moins comparables à celles du *Chat Noir,* auxquelles du reste elles sont antérieures. Derrière un écran éclairé par la lumière électrique, on fait mouvoir les silhouettes, découpées dans du carton et ingénieusement articulées, des professeurs, examinateurs et fonctionnaires de l'École. Pendant que l'ombre gesticule, un élève caché derrière un paravent imite la voix, les intonations, et reproduit les tournures de phrases favorites du personnage visé. Si l'on rit, vous pouvez le penser. Un orchestre de tout ce qui dans les deux promotions possède l'art de souffler dans un tube de cuivre ou de promener un archet sur la panse sonore d'un instrument à cordes, fait entendre dans les intermèdes les airs des chansonnettes en vogue et les valses les plus entraînantes.

Dans le même amphithéâtre, a lieu chaque

année, sous la présidence d'un ancien élève de l'École occupant une position élevée, l'assemblée générale de la Société amicale des anciens élèves de l'École polytechnique, société dont le but est de venir en aide à d'anciens camarades malheureux ou à leurs familles.

Les anciens élèves, les *antiques*, ainsi qu'on les nomme, aiment à venir à ces réunions. Elles leur permettent de revoir ces murs dans l'enceinte desquels ils ont tant *pioché* et qui évoquent devant leurs yeux un passé, souvent bien éloigné, mais jamais oublié. O magie des jeunes souvenirs! A peine ont-ils franchi la porte de l'École qu'il leur semble avoir retrouvé leurs vingt ans. On a vu de graves fonctionnaires à barbe grise gagner le local de la séance en exécutant le monôme traditionnel, c'est-à-dire en file indienne, chacun posant les deux mains sur les épaules de celui qui le précède. On a vu un général de division, véritable enfant terrible, faire voler en éclats les carreaux de toutes les fenêtres et portes vitrées qui se trouvaient à portée de sa canne. Ces

enfantillages et d'autres analogues se renouve-
lèrent si fréquemment qu'il fallut prendre des
mesures sérieuses pour les prévenir, la caisse
de la Société se trouvant fort mal des dégâts
ainsi commis et qui retombaient à sa charge.

Il est de règle qu'une révolution ne s'accom-
plisse pas sans que les élèves de l'École n'y
jouent un rôle. On sait la part qu'ils prirent
aux combats qui, en juillet 1830, ensanglan-
tèrent le pavé de Paris. L'un d'eux, Vaneau, se
fit tuer sur une barricade. En février 1848,
ils se montrèrent également dans la rue. Je me
rappelais avoir vu, dans une des salles des
Tuileries envahies et saccagées par le peuple,
des élèves en uniforme fraternisant avec des
gens de fort mauvaise mine portant un fusil en
bandoulière et les mains noircies par la
poudre. J'avouerai même que ce spectacle ne
m'avait que modérément édifié. Au 2 décembre, on jugea à propos de prendre quelques
précautions contre nous, pour le cas où nous
aurions cru devoir, conformément à la tradi-

tion, nous répandre à travers la ville et prê-
cher la résistance. Trois pièces de canon
furent braquées contre la porte principale de
l'École et l'on établit des postes d'Infanterie
sur différents points à l'intérieur. Défense
expresse nous était faite, en outre, d'approcher
du local dans lequel étaient enfermés nos
fusils d'exercice. Les plus ardents d'entre nous
s'indignèrent hautement; mais ils étaient peu
nombreux et leur indignation ne trouva guère
d'écho. Nous nous soumîmes d'assez bonne
grâce et l'École polytechnique, fascinée sans
doute par le prestige qui s'attachait au nom
glorieux de Napoléon, accepta sans murmurer
le rétablissement de l'Empire.

A quelques mois de là, nous faisions la
haie, l'épée à la main, dans le jardin des Tuileries, au pied du pavillon de l'Horloge. Dans
le lointain, le bourdon de Notre-Dame emplissait l'air de ses vibrations graves et sonores.
Tout à coup, les commandements de *Présentez
arme!* retentirent, les tambours battirent aux
champs, les fanfares éclatèrent de toutes parts,

se renvoyant l'une à l'autre l'air de la reine Hortense alors dans sa nouveauté, et, devant nous, dans une voiture de gala entièrement dorée, assise au côté de l'empereur radieux, passa, merveilleuse de grâce et de beauté, celle qui à dater de ce jour devait être l'impératrice Eugénie. Ce fut comme une vision rapide dont nous restâmes éblouis.

Plus tard, j'assistai à la distribution des Aigles au Champs de Mars. Une immense tribune avait été dressée devant le pavillon central de l'École militaire, dont le balcon était garni de riches tentures de velours rouge à crépines d'or. L'impératrice l'occupait, entourée de ses dames d'honneur. Le déploiement de cette grande pompe militaire, le spectacle de ces brillants uniformes de toutes armes, de ces drapeaux et de ces étendards faisant claquer au vent la soie de leurs plis tricolores brodés de lettres d'or, produisirent sur moi une vive impression et eussent corroboré, si cela eût été nécessaire, ma résolution d'entrer dans l'armée.

Trois armes m'étaient ouvertes : l'Artillerie, le Génie et l'État-Major. Je choisis cette dernière qui devait, pensais-je, me donner plus de facilité pour faire campagne; mon classement de sortie me permit de l'obtenir aisément.

Quarante années se sont écoulées depuis le moment où nous dressions par ordre de préférence la liste des carrières de notre choix. Que n'attendions-nous pas de l'avenir alors! Quels rêves de gloire et d'avancement rapide nous formions! Combien il s'en faut que tous se soient réalisés! J'ai sous les yeux l'état de ma promotion, telle qu'elle est aujourd'hui. Sur les quatre-vingt-dix que nous étions alors, un tiers d'abord a disparu. Parmi les survivants, pour quelques-uns dont la carrière a été heureuse, combien d'autres découragés, mal portants, rebutés pour une cause ou une autre, ont quitté le service avant la limite d'âge et se sont fait retraiter comme colonels ou lieutenants-colonels, même comme simples chefs d'escadrons! Qui peut savoir ce qui se cache sous ces départs anticipés de déceptions cruelles, de regrets poignants? On y trouve de tout, dans cette promotion, ballottée pendant ces quarante années par les vicissitudes de l'existence. A côté de ceux qui ont continué à servir l'État, soit dans l'armée, soit comme ingénieurs, on y rencontre un industriel, un négociant, un filateur, un agent de change, jusqu'à un président de chambre de la Cour d'appel de Paris! Mais on y trouve aussi le général de Miribel, que son mérite hautement reconnu de tous a fait désigner pour le poste le plus important de l'armée et, dans l'ordre civil, Noblemaire, l'éminent directeur d'une des plus puissantes compagnies de chemin de fer qui soient au monde.

Après les deux années de claustration de l'École polytechnique, se résigner à deux années supplémentaires d'internement à l'École d'état-major exige une certaine force d'âme. Toutefois, je m'habituai facilement à ce nouveau régime qui n'avait rien de pénible.

Il suffisait d'un travail des plus modérés pour me tenir au courant. Les séances de manège y étaient fréquentes et constituaient pour moi un véritable divertissement. Enfin les permissions d'une partie, sinon de la totalité de la nuit, s'y donnaient avec une grande facilité, et j'en abusai.

Pendant le temps de ma préparation à l'École polytechnique, j'allais déjà, malgré mon extrême jeunesse, assidûment dans le monde, aimant beaucoup la danse, je ne rougis pas de l'avouer, et m'étant acquis à cette époque une certaine réputation comme conducteur de cotillons. A l'École de la rue de Grenelle, je pus satisfaire largement mes goûts mondains. La Cour et le monde officiel inauguraient cette merveilleuse série de réceptions qui, jusqu'à la chute de ce régime auquel on ne peut refuser une certaine grandeur, brillèrent d'un éclat incomparable. L'empire, né de la veille, étalait déjà un luxe inouï et, parmi les personnages haut placés, chacun s'étudiait à suivre l'exemple venant de haut. Je vis des fêtes admirables aux Tuileries et à l'Hôtel de Ville. J'assistai à des bals splendides qui, au reste, ne devaient guère se renouveler; chez le roi Jérôme, chez le grand maître des Cérémonies, le duc de Cambacérès, logés tous deux au Palais-Royal; chez le prince Lucien Murat, qui occupait à cette époque un joli hôtel de la rue de Tivoli. Quelque peu éclectique de mon naturel, je me partageais entre le monde officiel et d'autres mondes moins cérémonieux, mais où l'on s'amusait peut-être davantage. A cette époque, dès le mois de décembre, les lustres s'allumaient, et on dansait un peu partout. La côte provençale qui retient aujourd'hui tant de monde sur le bord de la Méditerranée pendant tout l'hiver, n'était pas encore découverte, et l'importation à Paris de la *season* londonienne n'avait encore surgi dans l'esprit de personne. Je crois que cela valait mieux ainsi.

Un salon duquel la banalité était écartée et que j'aimais à fréquenter était celui d'Augustine Brohan, dont les réceptions rue de Richelieu étaient des plus suivies. J'y étais allé déjà avant mon entrée à l'École, et j'y avais remarqué une jeune fille dont l'admirable beauté m'avait frappé. C'était la jeune sœur d'Augustine, Madeleine, qui devait débuter à quelques jours de là avec un succès éclatant. Je la retrouvai trois ans plus tard, déjà sociétaire de la Comédie-Française, avant même d'avoir atteint sa vingtième année. Ce soir-là, je présentais à l'illustre soubrette des Français, mon camarade le prince Ludovic de Polignac, retraité aujourd'hui comme colonel d'état-major; un autre personnage non moins brillamment titré venait précisément de lui être présenté : « Si cela continue, nous dit l'aimable femme en riant, mon salon sera si bien composé que je n'oserai plus mettre les pieds chez moi ». Elle pouvait se permettre de parler ainsi, sans crainte d'être prise au sérieux, la très distinguée maîtresse de maison qui devint par la suite la baronne de Gheest.

J'allais aussi chez Mme Roger de Beauvoir, dont l'appartement, perché au sommet d'une vieille maison de la rue des Pyramides, était le rendez-vous du monde des lettres. Invariablement, sur une des tables du salon un numéro de la *Revue des Deux Mondes* se trouvait, comme par hasard, ouvert à la première page d'un article de critique du Salon, écrit par la maîtresse du logis. Parmi les lettrés qui se pressaient autour d'elle, c'eût été peine perdue de chercher son mari.

Je le rencontrai ailleurs, cet étonnant homme d'esprit, qui signa de son nom tant d'étincelantes chroniques. J'allais un jour en soirée chez une sorte de demi-mondaine, célèbre par son luxe et plus encore par sa sottise. C'est elle qui, se trouvant de passage dans une ville de province et comptant honorer de sa présence la représentation du grand théâtre, se fit précéder dans son avant-scène par deux valets de pied en grande livrée et armés chacun d'un plumeau lesquels, devant le public stupéfait, époussetèrent gravement la balustrade de velours sur laquelle la noble dame allait s'accouder. Donc, le soir où je m'y étais fourvoyé, on s'ennuyait ferme chez cette belle personne, qui ignorait l'art de mettre les gens à leur aise, et un silence glacial avait succédé à de timides essais de causerie. Tout à coup arriva Roger de Beauvoir ; ce diable d'homme, en moins de rien, réchauffa l'assistance, ranima la conversation, prodigua les saillies les plus bouffonnes, communiqua à chacun sa verve et son entrain à tout casser, et le salon si morne tout à l'heure retentit de joyeux et interminables éclats de rire.

Je me trouvai fréquenter également ce monde alors nouveau, aimable et sans pré-jugés, et en apparence au moins de bonne compagnie, que distinguait particulièrement l'absence de maris. J'y rencontrai Alexandre Dumas fils, alors âgé de trente ans à peine, que la *Dame aux Camélias* avait déjà rendu célèbre et qui cherchait des sujets d'études dans ce milieu auquel il donna le nom qui est resté. Peu après, quand parut la pièce du *Demi-Monde*, un des chefs-d'œuvre du théâtre moderne, il me fut aisé de reconnaître les personnages qui avaient posé devant le prestigieux auteur dramatique.

C'est dans cette même société que je connus également le marquis de Saint-Georges, l'auteur du livret de la *Reine de Chypre*, ce qu'il ne considérait pas comme un mince titre de gloire, homme du monde accompli, d'une recherche inouïe dans sa mise et auquel il était impossible d'assigner un âge quelconque. Les jeunes gens qui enviaient son élégance et le charme incomparable de ses manières lui donnaient soixante-dix ans. De fait, des dames qui se vantaient d'avoir été distinguées par lui dans leur jeune âge, avaient depuis longtemps abdiqué toute prétention et arboré le bonnet à rubans des vieilles femmes. Lui, toujours jeune, le corps droit, la chevelure épaisse et foncée, donnait rien qu'en se montrant un démenti à ces suppositions malveillantes et, par coquetterie, passait de temps à autre dans ses cheveux sa main blanche, chargée de bagues, comme pour bien montrer qu'ils adhéraient solidement à sa tête et étaient bien à lui.

Le commandant de l'École d'état-major était à cette époque le général Foltz, homme excellent, qui me témoignait beaucoup d'amitié et m'en donna par la suite plus d'une preuve, — il a été l'intermédiaire et le témoin de mon mariage, ce qui m'a attaché à lui par les liens de la plus vive reconnaissance. — J'abusais un peu de sa bonté et de sa faiblesse à mon endroit, ainsi qu'il appert du récit suivant. — Je dois prévenir, dussé-je encourir le reproche de frivolité, qu'il s'agit encore d'une histoire de bal avec rentrée tardive et le châtiment qui en fut la juste conséquence.

J'avais obtenu un soir la permission de quatre heures du matin pour aller à un bal costumé chez le prince Murat, bal peu nombreux et très *select*, ainsi que l'on dit aujourd'hui, dans lequel tous les invités de l'un et l'autre sexe devaient porter uniformément le costume de pierrot ou pierrette Louis XV, blanc et bleu ou blanc et rose. Charmant, cet accoutrement, avec la culotte courte, le jabot et les manchettes de dentelle, la chevelure poudrée et un coquet petit lampion pour coiffure. La réunion fut exquise, je m'y amusai considérablement, et à la fin du cotillon seulement, je m'aperçus que j'avais dépassé de près de deux heures le terme de ma permission. Je me précipitai dans une voiture et arrivai à l'École quelques minutes avant l'appel du matin. J'eus le temps de passer ma tunique et mon pantalon d'uniforme, mais ce fut tout, et à la grande stupeur du capitaine de service, non moins qu'au très grand amusement de mes camarades, je pris rang pour l'appel avec mes souliers de satin blanc et mon képi posé sur mes cheveux poudrés. Il en fut rendu compte au général, lequel crut devoir m'infliger cinq jours de privation de sortie. Je me promis bien de ne pas les faire, ayant précisément en perspective de fort jolies réunions que je tenais à ne pas manquer. Le premier jour je restai toute la journée avec ma tête blanche de poudre. Le lendemain matin à l'appel, il en fut de même. Le capitaine agacé me demanda si je comptais conserver indéfiniment cette coiffure peu militaire. Je lui répondis avec candeur qu'étant incapable de me dépoudrer moi-même, il faudrait bien rester ainsi jusqu'au jour où je pourrais sortir et recourir aux bons offices du coiffeur. Et le lendemain matin, pour la troisième fois, je me présentai poudré à frimas. Il fallut bien en référer de nouveau au général qui, en riant, leva ma punition. Le soir même, mes cheveux avaient repris leur nuance et leur aspect habituels.

Une vision rapide, mais qui est restée gravée dans ma mémoire : un matin, comme nous descendions de cheval, devant nous passa au galop, se rendant à notre manège et monté sur un magnifique bai-brun plein de feu qu'il maniait avec une aisance extrême, un officier de haute mine, portant un élégant uniforme. C'était le colonel Fleury, commandant le régiment des Guides de formation récente. C'était la première fois qu'il m'était donné de voir le futur grand-écuyer de l'Empereur, qui fut une des figures les plus remarquables du Second Empire, homme du monde d'une distinction peu ordinaire, ayant le goùt inné de toutes les élégances et qui devait à son heure se révéler diplomate de mérite.

Notre armée luttait en Crimée avec une persévérance héroïque contre un ennemi non moins valeureux, disposant d'une artillerie puissante, et qui, n'étant pas investi, pouvait, avec des difficultés immenses, il est vrai, se ravitailler et renouveler ses effectifs. En vue d'assurer pour l'avenir le recrutement du corps d'état-major qui avait déjà fait des pertes sensibles, il fut décidé que notre séjour à l'École serait abrégé et prendrait fin le 1$^{er}$ juillet. Nous fûmes donc mis en demeure, vers la fin du mois de juin, de choisir les régiments dans lesquels nous désirions accomplir notre stage d'infanterie. Je demandai pour ma part à être classé au 2$^e$ régiment de voltigeurs de la garde, qui faisait partie de l'armée d'Orient et dont je connaissais le colonel, M. de Marolles. Sept autres de mes camarades demandèrent comme moi la Crimée. La prolongation inattendue du siège, l'échec sanglant et récent du Mamelon-Vert, les ravages produits dans l'armée assiégeante par le choléra, avaient jeté dans le public un certain découragement. Il régnait comme une impression générale de malaise et de tristesse. Nous y restions pour notre part, mes camarades et moi, complètement étrangers; nous étions tout au bonheur de notre prochain départ. Se pouvait-il rencontrer, en effet, pour de jeunes officiers, un plus beau début? Une guerre presque épique, le siège le plus mémorable peut-être que l'histoire eût enregistré et, pour surcroît de bonheur, un voyage merveilleux, l'Orient avec toutes ses splendeurs : que pouvions-nous désirer de plus souhaitable? Pour moi, j'étais transporté d'enthousiasme et je trouvai longues les deux ou trois semaines qu'il me fallut attendre avant d'avoir reçu ma lettre de service et complété mon matériel de campagne. Tout étant prêt, je partis et, vers la fin de juillet, mes camarades et moi nous nous trouvâmes réunis

à Marseille, où nous devions nous embarquer
sur le paquebot des Messageries maritimes le
*Carmel.*

*Et nunc paulo majora canamus.*

# SOUVENIRS DE CRIMÉE

# I

## DE PARIS A KAMIESH

Je me suis embarqué à Marseille sur le paquebot des Messageries maritimes le *Carmel,* en compagnie de quatre de mes camarades qui comme moi, en sortant de l'École d'État-major, ont demandé à aller faire leur stage d'infanterie dans un des régiments campés devant Sébastopol, et nous voici naviguant sur la bleue Méditerranée.

Avoir inné en soi l'amour des voyages, être resté jusqu'à l'âge de vingt-quatre ans confiné dans Paris, à part une ou deux excursions sur les plages normandes, et se voir tout à coup en route vers des contrées lointaines et inconnues que l'on n'atteindra qu'au bout de douze jours de navigation, après avoir touché en passant ces escales merveilleuses qui ont nom Malte, Smyrne, Athènes, Constantinople, comment ne pas sentir déborder en soi une joie intense? Appuyé sur le bastingage du bâtiment qui glisse avec rapidité, battant l'eau bruyamment de ses deux roues, je regarde défiler les côtes de Provence, avec leurs rochers roux déchiquetés, comme calcinés. **Par** endroits, la plage s'abaisse en pente douce jusqu'à la mer et, dans la verdure sombre des pins, les villas apparaissent comme de minuscules points blancs. Voici dans le lointain Toulon avec sa couronne de montagnes pelées; puis la côte s'efface par degrés et forme une ligne à peine visible à l'horizon. Je salue la France d'un dernier regard, en pensant à tous les êtres aimés que j'y ai laissés et que je reverrai, j'en ai la certitude. Je suis bien trop heureux pour m'attendrir et n'en ai nulle envie. Nous voici en pleine mer.

Les caboteurs, les barques de pêcheurs aux

voiles blanches qui de loin semblaient des bandes de mouettes posées sur l'eau, se font de plus en plus rares. L'immense solitude nous environne. Sur la mer unie comme une glace, notre sillage se développe en ligne droite à perte de vue.

Le jour baisse par degrés. Des troupes de marsouins entourent le navire, s'ébattant dans la mer d'un bleu déjà plus foncé, montrant leurs dos bruns luisants qui disparaissent à peine entrevus. Le soleil descend lentement dans un ciel enflammé, pendant qu'à l'opposé la nuit monte, envahissant par degrés l'immense voûte céleste toute piquetée d'étoiles qui s'allument les unes après les autres.

Le *Carmel* est un beau et confortable bâtiment, très bien installé. Comme passagers, côté militaire : mes quatre camarades et moi, deux lieutenants d'infanterie qui vont rejoindre leur corps, et cent cinquante soldats de toutes armes ; côté civil : une dizaine d'Anglais, parmi lesquels un lord irlandais, le marquis de Sligo, qui va rendre visite à son frère, officier dans l'armée de la Reine en Crimée et avec lequel je me lie rapidement. A quelques années de là, quand je serai attaché militaire à Londres, j'aurai le plaisir de le retrouver et de recevoir de lui le même bon accueil. Ses compatriotes, d'un rang social moins élevé, vont à Constantinople pour affaires, autant que j'ai pu le comprendre. Deux d'entre eux sont accompagnés par leurs jeunes femmes, toutes deux charmantes, mais dont l'une surtout est vraiment extraordinaire avec ses cheveux très noirs, ses prunelles d'un bleu de lapis et son teint d'une fraîcheur invraisemblable. Chez les Anglaises seules j'ai rencontré ces teints merveilleux, dont l'éclat rappelle celui de l'émail et autorise à se demander si c'est la nature qui en a fait les frais. Après le dîner, la jeune femme accablée par la chaleur s'était assoupie sur un des canapés du salon. Très indiscrètement, je pris mon crayon et reproduisis sa pose gracieuse dans mon album. La colonie anglaise demanda à voir et manifesta un enthousiasme tel qu'il me fallut me dessaisir de mon dessin au profit de mon joli modèle, dont les éclats de voix de ses compatriotes avaient interrompu le sommeil. Mais l'enthousiasme ne connut plus de bornes lorsque, ayant ouvert le piano, je plaquai magistralement sur le clavier, pour cimenter l'alliance anglo-française à bord du *Carmel*, les accords du *God save the Queen*.

Nous nous réveillons le lendemain dans le détroit de Bonifacio. La passe qui sépare la Corse de la Sardaigne est sur certains points tellement étroite, tellement encombrée d'îlots et de rochers que le remous causé par les roues de notre bâtiment va se briser sur l'une et l'autre rive. On nous montre l'endroit où la *Sémillante*, assaillie par la tempête, s'est perdue corps et biens. Rêveurs, nous plongeons nos regards dans cette eau transparente d'un vert glauque, aujourd'hui si calme, comme pour surprendre dans les profondeurs de ce gouffre, qui a gardé son terrible secret, quelque épisode de ce drame effrayant et grandiose.... Je dessine au passage l'île de Caprera, avec sa silhouette bizarrement découpée. Plus loin, le rocher étrange qui porte le nom de *Il Tavolero* attire mon attention. Au reste, aussi loin que la vue peut s'étendre, sur toute la côte de Sardaigne, ce ne sont que rochers abrupts, montagnes stériles et dénudées. Le lendemain, nous longeons les côtes plus riantes de la Sicile. Le temps continue à être merveilleux. Sur le pont, les soldats de belle humeur fument, jouent aux cartes ou au loto. Au moment où nous passons devant Marsala, le capitaine fait monter plusieurs bouteilles du vin doré qui se récolte sur les collines voisines de la ville, et nous les vidons joyeusement, en buvant au succès des armées alliées en Crimée. Le soir, nous arrivons à Malte.

Au réveil, bain exquis dans la mer. La chaleur est accablante. Nous sommes dans les premiers jours d'août. Malte, vue du port, n'a rien d'attrayant. Des rochers brûlés et arides, des murailles superposées les unes aux autres, percées d'innombrables embrasures dans chacune desquelles paraît la gueule d'un canon, et d'une blancheur telle sous ce soleil ardent que l'œil ne peut en supporter l'éclat, de gros steamers portant à la corne la croix de Saint-Georges et semblant endormis dans la chaleur lourde du jour, des embarcations chargées de pastèques et d'oranges, qui assiègent les flancs du *Carmel*, tel est le spectacle, assez maussade en somme, qui s'offre à nous. Nous descendons à terre. Quel changement de décor! Des rues tirées au cordeau se coupent à angles droits, bordées de constructions élégantes et d'une grande variété d'ornementation. Chaque fenêtre est précédée d'un balcon soutenu par des cariatides ou des consoles d'une extrême richesse et surmonté d'un treillage en bois intérieurement garni de rideaux de soie, sorte de *mirador* sur lequel les Maltaises viennent le soir respirer la brise de mer. A chaque coin de rue, une gracieuse fontaine épanche dans une vasque de marbre un filet d'eau limpide, ou une statue de bronze se dresse dans sa niche délicatement sculptée.

Oui, c'est bien là la cité opulente et puissante qui pendant deux siècles et demi, entre les mains des chevaliers de Malte, régna sur la Méditerranée, faisant une guerre implacable aux pirates des côtes barbaresques. Nous parcourons, presque avec recueillement, ces rues silencieuses, tellement en pente que les trottoirs sont pour la plupart en escalier, et protégées contre les ardeurs du soleil par des draperies tendues d'une maison à l'autre.

Au reste, à cette heure chaude du jour, nous ne rencontrons personne, si ce n'est quelque soldat attardé, le torse cambré dans sa veste rouge, ou quelque femme se rendant à l'église, la tête enveloppée de sa mantille noire dans les plis de laquelle les yeux seuls paraissent.

J'oubliais les mendiants qui semblent sortir de terre sur notre passage et nous demandent la *carita* avec des importunités auxquelles la menace de quelques vigoureux coups de canne parvient seule à mettre un terme.

Nous voici devant Saint-Jean, un des plus étonnants édifices voués au culte qui se

puissent voir. Nous entrons. Le sol est pavé
de sompteuses mosaïques sous lesquelles
dorment les Grands Maîtres de l'Ordre. Des
fresques superbes ornent les plafonds, mais
faute d'entretien s'écaillent par places sur la
tête des fidèles et des visiteurs. Rien ne m'a
paru comparable comme richesse et comme
élégance aux sculptures dorées, aux orne-
ments ciselés dans le marbre et dans la pierre
qui s'étalent à profusion sur les parois de
l'édifice.

Nous nous attardons dans la fraîcheur de
l'église. Tout y est solitude et silence. Le
frottement discret de nos pieds sur les dalles,
le bruit aigre d'une chaise dérangée au
passage, se répercutent en ondes sonores qui
vont mourir sous les hautes voûtes. Nous
partons à regret pour retrouver au dehors la
lumière aveuglante et la chaleur torride.

Nous avons projeté d'aller visiter, dans
l'intérieur de l'île, les jardins de San-Antonio,
résidence d'été du gouverneur de Malte. On
nous amène des petits chevaux arabes, pas

beaucoup plus hauts que des ânes et qui ne connaissent d'autre allure que le galop. A peine sommes-nous en selle, les voilà qui partent, piaffant, s'ébrouant, hennissant, faisant claquer les dalles de granit sous leurs pieds nerveux. Enveloppés dans un nuage de poussière, nous traversons comme une flèche les huit lignes de défense, enceinte, demi-lune, contre-gardes, etc., qui protègent la place contre une attaque venant de terre — triste protection aujourd'hui, par ce temps d'artillerie perfectionnée et d'explosifs irrésistibles, — et nous voici en pleine campagne. Singulière campagne! Les moissons ont été rentrées; ce ne sont que murs en pierres sèches, entre-croisant leurs lignes irrégulières sur une terre plus sèche encore. En fait de végétation, parfois dans quelque encoignure, étendant leurs maigres branches, deux ou trois figuiers au feuillage poudreux; sur le talus du chemin, des nopals dressent leurs raquettes, chargées de fruits rouges hérissés de piquants.

Le soleil darde verticalement ses rayons

sur nos têtes, la chaleur est intolérable. A
côté de nous, devant nous même, car il nous
précède presque constamment, court pieds
nus sur le sol brûlant et les cailloux acérés,
ruisselant de sueur et blanc de poussière,
stimulant nos chevaux quand ils font mine
de vouloir s'arrêter, une sorte de guide, vêtu
d'une chemise rouge, d'un pantalon de toile
bleue qui s'arrête au genou et la taille serrée
dans une large ceinture violette. De grosses
boucles en argent sont suspendues à ses
oreilles et résonnent comme des grelots.
Nous voici enfin à San-Antonio.

Créés par les Chevaliers de Malte, ces jardins, ornés de grandes fontaines et de statues
de marbre constituent une oasis délicieuse au
milieu de cette île pétrée et desséchée. Les
citronniers et les orangers y sont couverts de
fruits d'une grosseur invraisemblable. Les
palmiers, chargés de régimes de dattes d'un
jaune d'or, alternent avec les poivriers au
feuillage délicat et aux longues grappes
rouges. Çà et là, un aloès dresse dans les airs

sa tige élégante en forme de girandole. Enlacées aux arbres, des vignes nous offrent complaisamment, à portée de la main, d'énormes grappes au grain oblong et ambré sur lesquelles, dévorés par la soif, nous jetons en passant d'ardents regards de convoitise. Le gardien de ces merveilles, personnage raide et cérémonieux avec lequel je m'explique tant bien que mal, étant le seul de la bande qui possède quelques notions d'anglais, n'a même pas la pensée charitable de nous offrir de ces fruits savoureux, qui renouvellent pour nous le supplice de Tantale. Nous nous gardons bien, comme de juste, de nous humilier devant lui et de faire appel à sa générosité; mais au retour nous nous arrêtons en plein champ devant une sorte d'albergo en planches, ouverte à tous les vents, et là, pour quelques *pence*, on nous sert à profusion, dans des fiasques clissées d'osier, un petit vin muscat, couleur pelure d'oignon, frais, exquis, adorable, idéal.

Nous voici rentrés à bord du *Carmel*. Le vent a tourné au nord; par le travers de l'Adriatique il souffle en tempête, hérisse la mer jusque-là si calme de hautes vagues frangées d'écume, et imprime à notre bâtiment des oscillations déplorables. En un clin d'œil le piano se tait, les parties de whist et les gais propos s'interrompent; le salon se vide et chacun se précipite dans sa cabine pour demander à la position horizontale un soulagement qu'elle ne lui apportera pas. Des cris affreux retentissent à côté de moi. On accourt : une vieille dame, tante d'une de nos deux jolies compagnes de voyage, a ouvert imprudemment son hublot. Un paquet de mer entré par l'ouverture l'a jetée en bas de sa couchette et, dans le plus simple des appareils, elle roule lamentablement d'une paroi à l'autre de sa cabine submergée dans un pied d'eau. On procède à son sauvetage. Le lendemain matin, nous passons en vue du cap Matapan. Les hautes montagnes du Péloponèse se dessinent au loin. Le vent semble vouloir se calmer un peu, mais c'est pour souffler avec une furie nouvelle dès que l'abri de la terre a disparu. Je reste étendu sur le pont, les yeux fermés, indifférent aux embruns qui me couvrent de leur buée humide. Le mouvement du bâtiment se ralentit et il me semble qu'il reprend un peu de stabilité. Des commandements se font à haute voix et la chaîne de l'ancre dérape à grand bruit. Je rouvre les yeux. Nous sommes dans le port de Syra.

La mer, encore toute frissonnante et miroitante sous la lumière vive d'un soleil ardent, est couverte de tartanes et de sacolèves aux voiles blanches, portant le pavillon grec blanc et bleu. En entrant dans le port, nous avons abordé un brick qui a brisé notre beaupré; mais nous lui avons fracassé une chaloupe et sa vergue d'artimon, ce qui nous vaut une bordée d'aménités bien senties dans la langue sonore de Thémistocle. L'île se compose de plusieurs pitons accolés. Sur l'un d'eux, la ville déploie ses innombrables maisonnettes blanches en amphithéâtre, semblable

à un triangle dont la base repose sur la mer.
Les vagues sont fortes et peu engageantes;
néanmoins, un de mes camarades et moi,
nous nous confions à une frêle coquille de
noix qui nous débarque trempés, mais sains
et saufs, sur le quai.

Le port présente une certaine animation et
est amusant à contempler. Les matelots grecs,
vêtus de costumes pittoresques, déchargent
leurs bâtiments avec une sage lenteur, mais
sans se départir de poses et de gestes nobles.
C'est une nation chez laquelle est inné le sentiment de l'art. Sous les arcades qui bordent
le port, s'ouvrent de grands cafés aux salles
pleines d'ombre et de fraîcheur. Là se pressent
par centaines les gens du peuple, portant la
fustanelle blanche aux innombrables plis et
des vestes richement soutachées, le fez au
gland bleu rejeté en arrière, la moustache
très longue, le nez busqué, le teint basané.
Ils restent là assis pendant des heures, très
dignes, le tuyau de leur narguileh aux lèvres,
ne l'en détachant que pour humer leur minus-

cule tasse de café ou vider un grand verre d'eau glacée.

Nous nous engageons courageusement dans une rue étroite et escarpée de la vieille ville. Au fur et à mesure que nous nous éloignons du port, le mouvement et l'animation décroissent. Nous montons toujours. Bientôt il nous semble être dans une ville morte. Le long des maisons hermétiquement fermées et qui paraissent abandonnées, le pas d'aucun passant ne fait résonner le pavé rugueux et caillouteux. Deux vieilles femmes, la tête recouverte d'un long voile blanc que serre sur le front une lourde natte de faux cheveux, sont les seuls êtres humains que nous rencontrons. Assises sous l'auvent de leur porte, elles nous regardent passer d'un œil farouche et ne répondent pas au salut que, faisant appel en leur honneur à mes souvenirs de classe, je leur adresse dans la langue du vieil Homère. De gros pigeons bleus piquent des grains de maïs logés dans les interstices du sol empierré et ne se lèvent même pas à notre approche. Arrivés à une sorte de place qu'ombrage un maigre platane, nous nous retournons et nous accoudons à un parapet à moitié écroulé. Vue de là-haut, la mer que le soleil frappe obliquement semble un bain immense, étincelant, éblouissant, aveuglant, d'argent en fusion.

Le lendemain matin, nous arrivons à Smyrne. En mettant le pied sur le quai, j'éprouve une grande joie à pouvoir me dire que je suis en Asie. Comme pittoresque, l'Orient me semble dépasser encore ce que j'avais rêvé. Ces ruelles tortueuses encombrées de marchandises de toutes sortes desquelles s'exhalent des parfums pénétrants, ces carrefours peuplés de groupes de Levantins vêtus d'étoffes claires aux nuances très douces, ces fontaines décorées de sculptures délicates, ces arcades qui apparaissent subitement couronnant le faîte d'une mosquée et laissant dans leur ouverture ogivale passer le bleu du ciel ; ces files de chameaux chargés de ballots qui s'avancent majestueusement, obéissant au cri guttural de leur conducteur, tout cela me ravit et m'enchante. Je me complais dans les galeries fraîches des bazars. Je ne résiste pas à un poignard circassien, niellé d'or, au manche en corne de buffle. Plus loin c'est une ceinture de soie rayée, très riche de tons, qui me tente. J'en offre la moitié du prix demandé. Le marchand finit par se résigner, non sans avoir énergiquement protesté, se penche un instant derrière son comptoir pour chercher une feuille de papier et me remet mon emplette soigneusement empaquetée. Plus tard, quand je défis le paquet, je m'aperçus que ma ceinture avait été adroitement coupée en deux. Comme je n'avais voulu donner que la moitié du prix demandé, l'honnête négociant s'était dit que je n'avais droit qu'à la moitié de l'objet. C'était logique.

Un marchand de pastèques d'assez amusante tournure passe devant moi, un de ces énormes fruits dans chaque main. Je l'arrête et le transporte sur mon album. Pour son salaire,

je lui achète sa marchandise, dont je fais
largesse à une bande de gamins qui a emboîté
le pas derrière moi. Séance tenante, les deux
cucurbitacées à la chair rose marbrée de
pépins noirs sont dépecés et détaillés en
longues tranches dans lesquelles mes jeunes
drôles mordent à belles dents, le jus frais
leur ruisselant en cascades le long du menton.

Par une attention galante du commandant
à l'endroit des passagères, nous stoppons au
milieu de la nuit de manière à faire notre
entrée à Constantinople au soleil levant. De
fait, le spectacle est merveilleux.

Des lueurs empourprées passent au-dessus
des hauteurs boisées qui garnissent la côte
d'Asie, dorant les petites nuées clairsemées
dans le ciel, colorant la pointe des minarets
et les cimes des monuments les plus élevés;
puis la ville tout entière apparaît baignée de
lumière rose, avec ses palais de marbre qui se
mirent dans le Bosphore, ses innombrables
mosquées, les murs crénelés du Vieux Sérail

7

que dépassent les pointes noires des cyprès. Nous glissons lentement sur la mer, coloriée elle-même comme le ciel en feu que reflètent ses eaux calmes. Nous voici dans la Corne d'Or. Autour de nous d'innombrables caïks à la proue et à la poupe recourbées se croisent en tous sens, semblant à peine poser sur l'eau. La lumière blanchit par degrés, les ombres bleuâtres s'accusent, et le soleil est entièrement levé au moment où nous jetons l'ancre à l'échelle de Galata.

A l'État-Major de la place, on m'informa que le paquebot sur lequel je devais prendre passage pour gagner la Crimée ne partirait que dans cinq ou six jours, et l'on m'invita à profiter de ce délai pour visiter la ville. Je ne me le fis pas dire deux fois.

Je me séparai de mes camarades, dont les explorations méthodiques s'accommodaient mal de mes courses à l'aventure avec ma fantaisie pour seul guide et dont la curiosité, au reste, devait s'épuiser bien plus vite que la

mienne. Dès le matin, je partais, me lançant
dans les rues les plus tortueuses et les plus
étroites, enjambant des monceaux de pastèques, des paniers de tomates et de raisins,
évitant le contact des grands quartiers de
viande sanguinolents pendus à des crocs en
fer et couverts d'essaims de mouches, jetant
des coups d'œil investigateurs dans les boutiques obscures, sur le seuil desquelles les marchands gravement accroupis attendent la pra-
tique, marchands de fourneaux de pipes en
terre rouge relevée de filets d'or, de sorbets et
de confitures à la rose, de tabac blond disposé
en touffes odorantes. Je suivais d'un regard
curieux des femmes qui, par bandes ou
accompagnées de leur négresse, circulaient,
traînant sur le pavé leurs babouches de cuir
jaune, le visage à moitié caché par le *yachmak*
de mousseline blanche, le corps enveloppé
dans le *féredgé* flottant de couleur claire,
mauve, bleu ciel, vert d'eau, rose. Je m'apla-
tissais contre les murailles pour laisser passer
les *hammals* qui, poussant des cris répétés

pour avertir les passants d'avoir à se garer,
remontaient les ruelles escarpées de Galata,
portant à deux sur les épaules une longue
perche au centre de laquelle un pesant ballot
était suspendu. Je visitais, — est-il besoin de le
dire? — toutes les mosquées dont les minarets
élancés se dressaient sur mon passage. Mais
le vieux Stamboul avec ses détours silencieux,
ses murailles croulantes, ses mosquées merveilleuses, ses palais à l'architecture d'une si
étincelante fantaisie me captivait particulièrement.

Je ne me lassais pas d'admirer Sainte-
Sophie, l'ancienne basilique des Empereurs
d'Orient, à la coupole hardie, aux assises
alternées de marbres blanc et rose et aux
riches voûtes couvertes encore de riches
mosaïques dont, pour quelques menues pièces
de monnaie, les gardiens de l'édifice détachent
et vendent des fragments aux visiteurs; je
m'éternisais à visiter cette autre étonnante
merveille, la mosquée d'Achmet-Pacha, dont
les six minarets dominent la place qu'ensan-

glanta le massacre des Janissaires. Je par-
courais les longues galeries du bazar, scrutant
du regard les soieries de Brousse, les velours
de Scutari, les armes anciennes, yatagans
damasquinés, dont la lame incrustée d'or a des
reflets bleuâtres, casques et boucliers circas-
siens aux niellures délicates, navré et indigné
quand à côté de ces richesses artistiques mes
yeux rencontraient quelque étalage de quin-
caillerie européenne, dont les cuivres vulgaires
et les ustensiles de forme banale faisaient
tache dans ce milieu oriental. J'aimais à
m'égarer dans les quartiers déserts où l'herbe
poussait entre les dalles disjointes et crevas-
sées qui recouvraient le sol, ou encore à longer
au hasard quelque vieux mur crépi en rose
dont de hauts sycomores, des ifs régulièrement alignés dépassaient la crête et derrière
lequel je devinais un jardin ombreux avec ses
bassins de marbre et ses kiosques se mirant
dans la mer.

Je m'attardais de la sorte à rêver et à dessiner, oubliant l'heure des repas, achetant à

un marchand en plein vent, quand la faim me pressait, une brochette de *Kébab*, morceaux d'agneau rôti saupoudrés de piment, une galette de *baklava* et deux ou trois belles grappes de raisin doré à gros grains, le tout arrosé d'une eau claire et limpide que m'offrait une fontaine voisine et que j'y puisais à l'aide d'une tasse de fer dont la chaîne était scellée dans le marbre de la muraille.

Un matin, désireux de visiter Scutari, je montai dans un des petits steamers amarrés en permanence le long du pont de bateaux qui traversait à cette époque la Corne d'Or. Ce pont primitif a fait place depuis à un superbe pont à travées métalliques, peut-être plus pittoresque. La traversée du Bosphore dure un quart d'heure à peine. Le pont du bâtiment était encombré de Turcs, de Grecs, de nègres, tous le chibouk aux lèvres. A l'arrière, séparées par une cloison, étaient groupées les femmes, invisibles derrière leurs voiles blancs. La côte d'Asie se rapprocha rapidement et, passant tout contre la tour de Léandre, nous stoppâmes bientôt devant un débarcadère adorable, fait pour le plaisir des yeux. A l'ombre de grands platanes aux troncs lisses marbrés de taches claires, une fontaine élégante en marbre blanc se dressait sous la saillie de son large auvent, toute surchargée de fines sculptures. Pour compléter le tableau, à l'ombre du feuillage épais était arrêté un arabat, sorte de charriot grossier, attelé de deux buffles gris dont le museau laissait pendre une bave argentée et qui portaient accrochés à leurs longues cornes des colliers de verroterie.

Pas commode, la descente. Une planche étroite et branlante établit la communication entre notre bord et la rive. Je ne m'y aventure qu'avec des précautions infinies et arrive à terre sans encombre. Moins heureux que moi, un enfant d'une dizaine d'années qui me suit, perd l'équilibre et tombe à l'eau. On le repêche immédiatement, sans que l'incident ait ému personne plus que de raison. Charmant, ce bambin, avec sa robe de soie rouge toute brodée d'or, ses grandes mèches blondes mouillées et collées aux tempes qui s'échappent de dessous sa toque de satin ornée de médailles et d'amulettes, souveraines contre les maladies et le mauvais œil, impuissantes, paraît-il, contre les chutes dans l'eau.

Un petit Arménien polyglotte qui parle le turc, ébauche le grec, balbutie l'anglais et écorche le français, s'offre à me servir de guide. J'accepte. Nous voici partis, traversant un dédale de ruelles, les unes remplies d'animation avec force passants circulant devant les boutiques ou se groupant à la porte des cafés, les autres silencieuses, côtoyant des cimetières abandonnés et bordées de longs murs en ruines. Je passe devant un écrivain public accroupi dans son échoppe. La fantaisie me prend de lui tendre mon album, en le priant d'y inscrire une phrase quelconque. L'homme, très grave, assujettit ses bésicles sur son nez, trempe son roseau fendu dans l'écritoire de cuivre pendue à sa ceinture et lentement, méthodiquement, trace de droite à gauche quelques-uns de ces jolis caractères turcs, si élégants d'aspect, que je sus par la suite, me les étant fait traduire, être des souhaits de prospérité à mon adresse.

Nous voici chez les Derviches hurleurs. Mon uniforme fait sensation. Les exercices ne devant commencer que dans une demi-heure, on apporte avec de grands salamaleks au noble étranger, pour lui faire prendre patience, une tasse de café dans son coquetier de filigrane d'argent et un chibouk au tuyau de jasmin tout chargé de sa blonde touffe de latakieh. L'heure est venue et je suis introduit dans une galerie à balustrade de bois peinte et sculptée, qui règne sur trois des côtés d'une vaste salle blanchie à la chaux.

Le plancher est couvert de peaux d'agneaux, de gazelles, de panthères. Aux murailles sont appendus des tambours de basque, des lardoires, des lames de sabres et des poignards, des tenailles, des pinces, en un mot une collection bien complète d'instruments de torture. La galerie s'est remplie peu à peu. Près de moi sont assis, les jambes croisées, trois ou quatre individus replets, au visage noir et bouffi marbré de reflets violets, et vêtus de tuniques richement brodées au collet et aux manches. Pendant que je cherche quelle position sociale assigner à mes voisins, l'iman fait son entrée, coiffé d'un énorme turban et vêtu d'une longue robe de soie rose. Derrière lui viennent ses acolytes, au nombre de cinq ou six, ayant sur la tête une sorte de bonnet rond en feutre jaunâtre.

Les prières et les incantations commencent. Tour à tour fléchissant les genoux, se prosternant à plat ventre et se relevant avec une raideur automatique pour se prosterner de nouveau, ils psalmodient des versets du Koran, en dodelinant la tête et en montrant le blanc des yeux. De temps à autre, l'iman tire d'une boîte d'or une pastille qu'il pose sur un petit réchaud. Une odeur âcre et pénétrante se répand dans la salle, portant au cerveau et prenant à la gorge.

Tout à coup, sur un signe de l'iman, les derviches se placent en ligne, forment une chaîne en posant les mains sur les épaules de leurs voisins et se balancent d'arrière en avant et d'avant en arrière, en s'appuyant alternativement sur chaque pied sans changer de place. Tout en se livrant à cet exercice, ils tirent de leurs poitrines un cri caverneux et prolongé : *Allah-hou-hou*, qu'ils répètent indéfiniment, en cadence. Quatre prêtres accroupis en avant d'eux et leur faisant face brodent sur ce thème, avec des voix d'une acuité incroyable, des variations à faire grincer des dents. Par degrés la mesure s'accélère. Ils font deux pas en avant sans cesser de former la chaîne et leurs mentons heurtent leurs poitrines avec force, puis deux pas en arrière en renversant la tête qui oscille comme un battant de cloche. Ils ne crient plus, ils hurlent avec une énergie croissante, leur bouche écume, les yeux leur sortent de la tête. Pour les animer encore, les prêtres décrochent les tambours de basque et frappent avec force sur la peau tendue en précipitant le mouvement. A l'époque du Ramadan les derviches, assure-t-on, arrivés au degré voulu de surexcitation, saisissent les instruments de torture pendus au mur, transpercent leurs membres avec les pointes de fer, se déchirent les chairs avec les tenailles ou se les découpent avec les lames des poignards. Le Ramadan étant passé, cet attrayant spectacle me fut épargné. Enfin épuisés, couverts de sueur, à bout de souffle, ils disparurent à un signal que donna l'iman. Je sortis troublé, écœuré, avide de grand air.

Combien, succédant à ce spectacle répugnant, me parut délicieuse la longue promenade que je fis dans le cimetière de Scutari, le plus beau et le plus célèbre qui soit en Orient! Pendant des heures entières, les cyprès succèdent aux cyprès, énormes, majestueux, contournant leurs troncs noueux plusieurs fois centenaires. Sous leur feuillage sombre, les tombes se pressent, entourées de fleurs, coquettes, gaies, peintes de couleurs claires ou dorées, évasées à leurs sommets en forme de palme si la dépouille mortelle qui repose à leur

pied est celle d'une femme, dans le cas contraire
couronnées d'une sorte de turban sculpté dans
la pierre. Que de générations enfouies sous
ces vieux arbres ! Je traverse tout un quartier
de tombes qui datent de loin. Les descendants
de ceux qui dorment sous ces antiques sépul-
putures ont sans doute disparu eux-mêmes ;
faute d'entretien, les pierres tombales noircies
par le temps, aux inscriptions devenues illisibles, penchent tristement et s'affaissent à terre.
Je rencontre de temps à autre des bandes de
femmes et d'enfants qui, assis sur des tapis
autour d'une tombe fraîchement peinte, celle
d'un parent récemment perdu, font gaîment la
collation. A ma vue, les gazouillements fémi-
nins s'arrêtent. Je passe rapidement, évitant
de les regarder, désireux de ne pas troubler
leurs ébats.

J'étais depuis cinq jours à Constantinople.
On me fit savoir que le lendemain j'aurais à
m'embarquer sur le *Whitehaven*, paquebot
anglais frété par l'administration française et

chargé de madriers, en partance pour Kamiesh. Je résolus d'employer ma dernière soirée à aller visiter les Eaux Douces d'Europe et, ayant fait seller un petit cheval turc qui m'avait été fourni par le dépôt de remonte de Constantinople, je gagnai l'ombreuse et délicieuse vallée située aux portes de la ville, à l'endroit où la rivière Barbyzès se jette dans la Corne d'Or. C'était précisément un vendredi, le jour où il est de bon ton pour les femmes riches et élégantes de fréquenter cette promenade. La mode impose ses lois à Stamboul tout comme ailleurs.

Mon inspiration avait été bonne; elle me valut une assez curieuse aventure. L'affluence était déjà grande quand j'arrivai. Les *talikas* circulaient, remplies de femmes enveloppées dans leurs *féredgés* de toute nuance, escortées par des eunuques noirs juchés sur le siège ou suivant sur de beaux chevaux dont la queue balayait la terre. Les *talikas* sont des sortes de calèches ouvertes sur les côtés dont la caisse, peinte en bleu ou en rose, est rehaussée de dorures. Deux haridelles mal harnachées traînent généralement cet équipage bizarre. Je vis passer au grand trot des voitures plus modernes, assez convenablement attelées, et qu'escortait un peloton de cavalerie. C'étaient les femmes du Sultan qui venaient, elles aussi, faire leur tour du Bois.

La chaleur était très forte. Sous l'ombre des grands sycomores, les belles *hanoums*, avides d'un peu de fraîcheur, desserraient les plis de mousseline blanche qui voilaient leurs traits et complaisamment se laissaient voir au grand jour. Quelques-unes simulaient un léger effroi quand je passais auprès d'elles et, en riant aux éclats, remontaient leur *yachmak*, pas assez vite toutefois pour que je n'eusse pu m'offrir le régal de leur troublante beauté. La plupart en effet me paraissaient remarquablement jolies. D'autres avaient ouvert leur *féredgé*, moins soucieuses de cacher les trésors de leur corsage que ceux de leur visage, et je recueillis de la sorte l'aubaine inattendue de certains points de vue d'un haut intérêt.

Une *talika* contenant trois femmes, dont une d'un certain âge et deux très jeunes qui me parurent charmantes, avait particulièrement attiré mon attention. De l'intérieur de la voiture, on me regardait avec une complaisance qu'on ne cherchait pas à dissimuler. Mon uniforme avait fait une sensation évidente sur ces dames. Il n'en fallait pas davantage pour me monter l'imagination — que l'on veuille bien considérer que j'avais vingt-quatre ans à peine — et me voilà suivant ma *talika*, au grand amusement des deux jeunes femmes, que leur compagne plus grave essayait en vain de calmer. Je les suivais sans aucun espoir, instinctivement, pour le seul plaisir de voir plus longtemps les grands yeux noirs pleins de malice qui ne fuyaient pas mes regards, les bouches rieuses que je devinais très rouges avec des dents éblouissantes. Nous arrivâmes ainsi dans le haut Péra. Une porte s'ouvrit dans un grand mur que dépassaient les arbres élevés et les étages supérieurs d'une habitation assez élégante. La voiture s'y engouffra, disparut, et je restai seul, un peu décontenancé, comme si j'eusse pu prévoir un autre dénouement, et ne pouvant me décider à quitter la place.

Ma persévérance reçut sa récompense. La porte se rouvrit et sur le seuil parut, me regardant avec une bienveillante bonhomie, un nègre de haute taille, vêtu d'une robe de soie jaune et d'un pantalon de moire blanche, sans doute le maître du logis et des trois jolies promeneuses. J'allai à lui hardiment et lui demandai l'autorisation de visiter son jardin. Il appela un de ses garçons jardiniers, qui en sa qualité d'Arménien, tout comme mon petit guide de Scutari, possédait quelques bribes de français, et nous voici en conversation réglée. Mon interlocuteur était, ainsi que je l'appris de lui, le secrétaire intime du Sultan. Il touchait 2 500 francs par mois et était nourri par les cuisines impériales. Dès qu'il sut que je partais le lendemain pour la Crimée, il se mit avec empressement à ma disposition et m'invita à accepter son hospitalité, ce que je n'eus garde de refuser.

Le jardin était petit, mais assez fleuri et bien planté. La maison dans laquelle il me conduisit également n'offrait rien d'extraordinaire ; des pièces de médiocre dimension et sommairement meublées. Le cœur me battait un peu en y entrant, à la pensée de revoir les charmantes femmes de la *talika*. Mon espoir fut déçu ; mais, dans le cours de ma visite, j'entendis s'échapper de derrière une portière soigneusement abaissée des chuchotements et des éclats de rire étouffés qui me donnèrent à penser que, si je ne voyais rien, en revanche je ne passais pas inaperçu. La nuit était tombée par degrés. Deux serviteurs du Sultan venaient d'apporter un grand plateau de cuivre chargé de plats que recouvrait une étoffe de soie. Mon hôte, très gracieusement, m'adressa les plus vives instances pour me garder à dîner. Je mourais d'envie d'accepter. Un dîner turc élaboré dans les cuisines impériales, pour un fanatique de couleur locale comme moi,

c'était là une bonne fortune inappréciable.
Aussi ne me fis-je que très modérément prier.

Nous prîmes place en plein air, par une
soirée admirable, sous une tonnelle de jasmin
en fleur. Le service était fait par une sorte de
palikare richement costumé, lequel commença
par nous verser de l'eau sur les mains avec
une aiguière de cuivre au-dessus d'un bassin
de même métal. Chaque plat servi dans une
écuelle d'étain fut posé tour à tour devant
nous sur une petite table incrustée de nacre et,
imitant mon hôte, j'y puisai résolument à
même avec les doigts de la main droite,
tandis que de la gauche je déchirais une galette
à pâte compacte qui servait de pain. Je
comptai quatorze plats successifs, boulettes et
hachis de viande, concombres et aubergines
farcis, volailles aux tomates et au riz. Tous
plats très compliqués, dont il me fut impossible de reconnaître au passage plus de trois
ou quatre, mais généralement fort agréables
au goût. Comme boisson, de grands verres
d'eau glacée. Le bon secrétaire du Sultan me

souriait avec béatitude, manifestement heureux de recevoir un officier français. Le dernier plat enlevé, nouvelles ablutions dont l'utilité n'était pas contestable, puis le palikare apporta gravement un café brûlant et des chibouks en jasmin, au bouquin d'ambre cerclé de turquoises. Un charbon incandescent ayant été soigneusement posé par lui sur le blond tabac qui débordait du *lulé*, nous aspirâmes et fûmes bientôt enveloppés d'un nuage de fumée odorante.

La soirée était merveilleuse. Le jasmin étoilé de fleurettes blanches répandait dans l'air calme un parfum capiteux. La conversation, difficile à soutenir dans de semblables conditions, était tombée et nous fumions silencieusement. Je jetais de temps à autre un regard furtif du côté de la maison, espérant que les femmes de mon hôte viendraient chercher un peu de fraîcheur sous les arbres du jardin. Cette joie de les revoir me fut refusée. Rien ne parut. En vain également je tendais l'oreille, espérant percevoir quelque son de guzla qui me révélât leur présence. La maison resta muette. Il me fallait en prendre mon parti. A onze heures je me levai, demandai mon cheval, et pris congé de mon hôte qui me fit solennellement promettre de revenir le voir à mon retour de Crimée, « si Allah voulait que j'en revinsse ». Je promis, mais ne pus tenir ma promesse, et l'excellent homme à la robe de soiè jaune et au pantalon de moire blanche dut croire en ne me revoyant pas que l'Ange de la Mort m'avait touché du doigt, Allah l'ayant voulu ainsi.

Le lendemain matin, je m'embarquai avec mon cheval et mes bagages sur le *Whiteha-ven*. Deux de mes camarades et moi étions les seuls passagers. Par malheur, un violent vent du nord s'était élevé dans la nuit. Le Bosphore, qui est le déversoir de tous les grands fleuves que reçoit la mer Noire, a en tout temps un courant d'une force excessive. Le remonter avec le vent contraire était impossible, surtout pour le *Whitehaven* qui avait à remorquer le *Sumroo*, gros bâtiment à voiles chargé de 600 hommes de troupe. Nous restâmes trois jours à l'ancre, attendant que la force du vent diminuât. Le temps me parut long.

Autour de nous, de grandes péniches, à l'avant et à l'arrière très élevés et peints de couleurs vives, bondissaient sur les lames dont le vent furieux déchirait les crêtes. Chargées de pastèques, de fruits et de moutons vivants d'Asie Mineure à large queue, elles déployaient une immense voile carrée dont, à chaque instant, l'extrémité inférieure trempait dans la mer. Un soir nous eûmes le curieux coup d'œil d'un incendie, qui dévora une centaine de maisons à Gul-Hané, un des faubourgs de la ville. Sur ce fond ardent semblable à une fournaise et couronné de nuages rutilants, se détachaient en noir, comme découpés à l'emporte-pièce, le profil de la Pointe du Sérail, Sainte-Sophie et sa massive coupole, la mosquée d'Achmet-Pacha avec ses multiples minarets et dans le lointain la haute tour du Séraskier. Le matin du troisième jour, un superbe vaisseau de 120 canons, chargé de prisonniers, entra dans la Corne d'Or et y jeta l'ancre, venant de Crimée. Il apportait la nouvelle d'une grande bataille livrée sur les bords de la Tchernaya, et dans laquelle les Russes, malgré des prodiges d'audace et de bravoure, avaient eu le désavantage, subissant des pertes considérables. L'impatience me gagnait. Allais-je donc arriver le siège terminé et ne rapporter pour tout souvenir de ma campagne que celui de mon voyage à bord du *Carmel* et de ma visite aux derviches de Scutari? Heureusement le vent s'apaisa, et nous nous mîmes en route, traînant notre lourde remorque.

Notre marche était lente. Le vent contraire, un moment calmé, soufflait de nouveau avec force. Notre bâtiment, secoué par la vague, mit quatre jours à accomplir un trajet qui ne demande généralement guère plus de trente-six heures. A la fin, une côte grise bordée de hautes falaises se dessina au loin. A la pointe, un port se devinait, hérissé d'une forêt de mâts. Le vent nous apportait à intervalles presque réguliers de sourdes et lointaines détonations. C'était la Crimée.

## II

L'ASSAUT

Des bâtiments du commerce par centaines,
de toute grandeur et de toute nationalité,
amarrés bord à bord, sur lesquels s'agitent
des milliers de matelots et de portefaix qui
les allègent de leurs cargaisons, çà et là
quelque vaisseau de l'État avec sa double ou
triple ligne de sabords se détachant en blanc
sur la coque noire, des baraques en planches
bondées de marchandises de toute prove-
nance, jambons pendus et alignés par
douzaines, innombrables bouteilles aux cap-
sules métalliques brillantes et aux étiquettes
pompeuses, vessies blanches pleines de sain-

doux, tonneaux au ventre rebondi, boîtes de conserves empilées en pyramides dont le fer-blanc sous la lumière vive du jour a des reflets d'argent, des cafés borgnes, également en bois, avec de grands stores rayés qui abritent contre le soleil les consommateurs, et au milieu de tout cela une foule bariolée, dans laquelle dominent les uniformes, officiers d'artillerie et d'administration enregistrant les munitions et les approvisionnements de tout genre que l'on débarque des transports accotés au quai, soldats du train arrimant les caisses de biscuits sur leurs mulets, flâneurs de tout grade et de toute arme venus là par désœuvrement entre deux gardes de tranchée et en quête d'une distraction quelconque, tel se présente à moi Kamiesh.

Je ne donne à ce qui m'entoure qu'un coup d'œil rapide. Laissant mes bagages à bord, je fais débarquer mon cheval, je le selle moi-même, et me voilà parti pour le grand quartier général. Le général de Martimprey, chef d'État-major général de l'armée auquel je me présentai, me reçut très gracieusement, m'invita à dîner et me donna une tente pour passer la nuit, l'heure étant trop avancée pour qu'il me fût possible de rejoindre mon régiment.

Mais cette première nuit que je passai sur le plateau de la Chersonèse, couché sur deux bottes de paille, fut presque une nuit d'insomnie. Les détonations sourdes qui se répétaient à intervalles rapprochés me tinrent longtemps éveillé. A la fin, le sommeil l'emporta. Je m'habituai vite à cette musique nocturne et, dès la nuit suivante, je m'endormais sans difficulté.

Le lendemain, après avoir été au point du jour chercher mes bagages à Kamiesh, je rejoignis mon régiment, le 2ᵉ Voltigeurs de la Garde, qui était campé sur le plateau du Télégraphe. De ce point élevé, l'œil embrassait la plaine de Balaklava, les monts Fédioukine, la vallée de la Tchernaya, dominée au nord par les hauteurs de Mackensie. Au loin, se perdant dans la brume, des montagnes boisées superposaient les unes aux autres jusqu'aux extrêmes limites de l'horizon leurs croupes bleuâtres. Quant au terrain qu'occupaient nos troupes, jadis couvert de vignes, on y eût cherché en vain aujourd'hui une brindille, ou un sarment. Depuis longtemps tout avait été arraché et il fallait envoyer au loin des corvées chercher du bois pour faire bouillir les marmites.

Le 2ᵉ Voltigeurs était commandé par le colonel Félix Douay, qui devait plus tard devenir aide de camp de l'Empereur, faire montre au Mexique de sérieuses qualités militaires et commander en 1870 le 7ᵉ corps d'armée. D'allure martiale, doué d'une grande énergie, avec une grande rudesse dans le commandement, c'était, et il resta jusqu'à sa mort survenue prématurément à la suite d'une douloureuse opération, un des plus beaux types militaires qui se pussent voir. Il me plaça dans une compagnie commandée par un lieutenant, le capitaine étant malade à l'hôpital de Constantinople.

J'étais arrivé en Crimée au moment psychologique. Le découragement momentané causé par les lenteurs du siège et les ravages que le choléra faisait dans les armées alliées, avait disparu. La victoire de la Tchernaya avait remonté les esprits; l'état sanitaire s'était amélioré; enfin, on comprenait que le dernier acte du drame était proche. Le bruit courait que l'assaut général allait être donné et, à cette pensée, chacun, officier ou soldat, se sentait rempli d'une nouvelle ardeur.

Mais, avant que ce grand jour arrivât, je devais avoir la vive satisfaction d'aller un certain nombre de fois à la tranchée. Le tour de garde de chaque compagnie revenait à peu près tous les trois jours, tantôt en première ligne, tantôt en soutien. Dans ce dernier cas, le service de garde ne durait que la nuit et au petit jour on regagnait le camp.

Ce service de tranchées, tel qu'il me fut donné de le faire, n'était guère méritoire et n'avait rien de pénible. Autre chose est passer une nuit à la belle étoile, au cœur de l'été, avec la seule préoccupation d'éviter l'indiscrète visite d'un projectile malintentionné ou de se garder contre la menace éventuelle d'une sortie de l'assiégé, autre chose est monter ces gardes nocturnes l'hiver par un froid rigoureux ou sous des pluies torrentielles, les pieds dans la neige ou dans la boue, alors qu'une bise glaciale coupe le visage, traverse les vêtements trop légers et engourdit les doigts au point qu'ils ont peine à tenir une arme. Et, puisque l'occasion s'en présente, n'est-il pas juste qu'un combattant de la dernière heure, arrivé à point pour cueillir sa part des lauriers que d'autres ont plantés et arrosés de leur sang, paye à ses devanciers le tribut d'une profonde, d'une ardente admiration?

On ne saura jamais ce que le siège de Sébastopol a exigé chez l'assiégeant d'énergie, d'abnégation, de persévérance. Luttant contre un climat d'une rigueur excessive, soumis à des privations de toute nature, décimés par des épidémies qui fauchaient plus de monde que le feu de l'ennemi, nos héroïques soldats

ont creusé dans un sol rocailleux, l'énorme
quantité de vingt kilomètres de tranchées,
exposés à un incessant combat d'artillerie qui,
pendant onze mois, ne s'est ralenti ni jour ni
nuit, toujours sur le qui-vive pour repousser
les sorties d'un ennemi tellement entreprenant
que chaque nuit presque avait son combat. Et
il ne serait pas moins injuste de refuser à nos
adversaires — je dis adversaires et non
ennemis, car aucune inimitié ne nous divisait;
à chaque armistice conclu pour enterrer les
morts, et ils se reproduisaient fréquemment,
il n'était politesses et démonstrations cordiales
que les officiers des deux partis n'échan-
geassent entre eux, — il serait injuste, dis-je,
de leur refuser un égal tribut d'admiration
pour leur merveilleuse défense. Sébastopol,
dont la rade était protégée par des forts nombreux, n'était défendue du côté de terre que
par des ouvrages insignifiants. Sous la direction de Totleben, le plus grand ingénieur
peut-être du siècle, ils improvisèrent des fortifications puissantes, remuèrent une quantité

de terre considérable, créèrent des étages superposés de batteries qu'ils armèrent avec les innombrables pièces de marine dont ils disposaient, ripostèrent à nos travaux d'approche par des embuscades qu'ils établissaient en avant de leurs lignes pour gêner nos travailleurs, répondirent à notre guerre souterraine de mines par des contremines, nous harcelant par des sorties audacieuses et incessantes, à trois reprises même, à Inkermann, à Balaklava, à Traktir, se portant par grandes masses sur nos flancs, pour nous culbuter et nous jeter à la mer; et ils ne cédèrent qu'après avoir épuisé tous les moyens de défense possibles, et lorsque l'occupation par l'assiégeant de la position dominante de Malakof rendit la partie sud de la ville intenable pour leurs troupes.

Le régiment de Voltigeurs dont je faisais partie était, ainsi que les trois autres régiments d'Infanterie de la Garde, admirablement composé. Avec de pareils hommes, tout était facile. Au début, je me sentais quelque peu embarrassé d'avoir à commander ces vieux troupiers au visage basané qui avaient enduré tant de fatigues et tant de fois affronté l'ennemi. Eux, de leur côté, regardaient avec une certaine curiosité ce jeune officier à la fine moustache retroussée, d'une correction un peu apprêtée dans sa tenue et auquel, tout novice et ignorant du feu qu'il était, il leur fallait, eux vieilles barbes, obéir. Je me promis bien de ne jamais leur fournir en aucune circonstance l'occasion de sourire de leur sous-lieutenant, et je crois m'être tenu parole...

Le plateau de la Chersonèse sur lequel l'armée alliée était campée, est sillonné par plusieurs ravins qui convergent vers la rade de Sébastopol, dans laquelle se déversent leurs minces filets d'eau. Ces ravins augmentent de profondeur dans leur partie la plus voisine de la ville assiégée. Les boulets russes — à cette époque on ne connaissait que les boulets ronds, les projectiles cylindro-coniques n'étant pas encore inventés — qui y tombaient soit de plein fouet, soit par ricochet, roulaient sur leurs pentes rocailleuses et, se réunissant dans leur thalweg, y formaient des amoncellements considérables, dont la hauteur sur certains points atteignait presque deux mètres. Ces grands fossés naturels formaient des lignes de démarcation toutes tracées entre les différentes attaques de l'enceinte, et généralement ils servaient de voies aux divers détachements qui se rendaient dans les tranchées pour gagner le point qui leur était assigné.

Les troupes de la Garde ne prêtant pas de travailleurs au génie, mon régiment avait simplement à fournir des gardes de tranchées.

Le souvenir que j'ai conservé de ma première garde de tranchée est resté chez moi ineffaçable. La nuit était admirable; la voûte céleste semblait brodée d'innombrables paillettes étincelantes. Du côté de la ville, une masse sombre aux contours irréguliers bornait l'horizon : c'étaient les remparts de la place assiégée qu'éclairaient à intervalles presque réguliers des lueurs rougeâtres suivies d'une détonation sourde. Après que l'œil avait distingué la lumière du coup et avant que le bruit de l'explosion parvînt à l'oreille, on entendait quelquefois un sifflement prolongé quand le projectile passait à une faible distance, ou un coup mat quand il frappait le sol crayeux, rebondissant au loin ou y creusant son trou suivant l'inclinaison du terrain. Autour de moi, les hommes, autres que ceux désignés pour veiller, sommeillaient paisiblement, adossés à la paroi de la tranchée, le fusil entre les jambes, prêts à se lever et à prendre les armes à la première alerte.

Pour moi, la nouveauté du spectacle eût suffi à me tenir éveillé. De tout ce qui m'environnait, de ces ténèbres sous lesquelles se devinaient invisibles deux armées travaillant sans relâche à s'entre-détruire, de cette nuit d'une beauté incomparable dont la sérénité formait un étrange contraste avec cette rage destructive des hommes, se dégageait une poésie grandiose faite pour frapper un esprit même moins sensible que ne l'était le mien aux impressions extérieures. Un peu après minuit, la lune à son dernier quartier s'éleva lentement sur ma droite. Dès que son croissant d'argent eut atteint dans le ciel une certaine hauteur, une vague lueur bleuâtre mit en relief les aspérités de la plaine qu'une brume légère sembla recouvrir.

Dans les intervalles de silence qui séparaient les éclats de voix des gueules de bronze ou de fonte, on entendait les grillons tapis sous l'herbe rare et desséchée qui répétaient sans discontinuer leur petit cri monotone et mélancolique.

Vers les quatre heures du matin, il me sembla que les détonations se faisaient de plus en plus rares. Et, de fait, il en était ainsi presque toutes les nuits. Au matin, par une sorte d'accord tacite, et comme si une invincible torpeur, une lassitude immense, un dégoût profond de l'œuvre de destruction qui durait depuis tant de mois, une horreur subite de tuer sans but, se fussent étendus sur ce vaste champ de carnage, le feu se ralentissait de part et d'autre, cessant parfois entièrement — pour reprendre avec une force nouvelle une ou deux heures plus tard.

Puis, pendant que le disque échancré de la lune pâlissait et s'effaçait par degrés, ce fut à l'aube à paraître à son tour, blanchissant le sol crayeux bouleversé par les projectiles et le pic des travailleurs, allumant des lueurs roses au sommet des coteaux dénudés ; et dans le ciel clair, je vis s'élever de son vol saccadé une alouette jetant dans l'air ses cris joyeux et aigus.

La guerre, en effet, n'avait pas chassé tous les hôtes habituels de ce plateau désolé. Dans les matinées ensoleillées de printemps, les alouettes nombreuses saluaient de leur chant le retour de la lumière ; et aux heures chaudes du jour, alors que la canonnade était dans son fort, les rappels des cailles se percevaient distinctement, se répondant d'un coteau à l'autre. En les écoutant, les soldats rêvaient à la patrie absente et revoyaient par la pensée les champs où s'était écoulée leur enfance.

Un matin, en revenant de la tranchée, comme nous rentrions au camp vers sept heures, nous fûmes prévenus qu'il fallait nous préparer à en repartir dans une heure au plus tard. L'assaut devait être donné à midi. Il était ordonné aux officiers et à la troupe de mettre les épaulettes.

Cet ordre n'était pas pour me déplaire. J'avais toujours compris les officiers du siècle dernier se faisant poudrer et mettant leurs plus belles dentelles les matins des jours de bataille. Je soignai donc particulièrement ma tenue, mis mes épaulettes, ornées des aiguillettes auxquelles seuls avaient droit les officiers d'État-major stagiaires dans la Garde et, après avoir écrit rapidement quelques lignes à ma mère et déjeuné de fort bon appétit, me tins prêt à partir.

Nos travaux en effet n'étaient plus éloignés que de vingt-cinq mètres environ du saillant de Malakof et de celui du Petit Redan. Aux attaques de gauche, la distance était plus grande ; elle atteignait 60 mètres au Bastion

Central, 50 au Bastion du Mât. Quant aux Anglais, beaucoup moins avancés que nous, ils devaient avoir 170 mètres à franchir à découvert avant d'aborder le Grand Redan. Chercher à gagner quelques mètres de plus eût été s'exposer, sans bénéfice bien appréciable, à une grande perte d'hommes et de temps. L'assaut général avait donc été résolu pour le 8 septembre à midi.

L'insuccès du 18 juin tenait en partie à ce qu'une bombe ayant été prise par une certaine quantité de nos troupes pour la fusée qui devait donner le signal de l'attaque, celle-ci n'avait pu se produire simultanément. Pour prévenir le retour d'une erreur semblable, tous les chefs d'attaque de droite, généraux et chefs de corps, avaient reçu l'ordre de régler leur montre sur l'heure au grand quartier général, et à midi précis, sans autre avis, chacun devait s'élancer et se porter en avant.

La redoute Malakof, à l'assaut de laquelle

nous devions prendre part, était un ouvrage allongé de forme irrégulière, long de 300 mètres environ, large de 180 dans sa plus grande largeur et fermé à la gorge. Pour se protéger contre notre feu, les Russes avaient élevé à l'intérieur trois lignes de traverses et de cavaliers de tranchées. Au saillant, une vieille tour démantelée, qui avait donné son nom à l'ouvrage, formait une sorte de réduit casematé. La redoute était armée d'une quantité considérable de pièces de gros calibre.

A dix heures, nous nous engagions silencieusement dans le réseau de tranchées qui conduisait à la cinquième parallèle, point que nous devions occuper. De toutes parts, les troupes arrivaient nombreuses et se pressaient dans les étroits cheminements dont, par places, le génie avait dû relever les crêtes, de manière à masquer ce mouvement extraordinaire à l'ennemi. Au reste, le vent soufflait avec violence, déchirait par lambeaux la fumée blanche qui sortait des bouches de nos batteries, soulevant d'épais tourbillons de poussière qui devaient contribuer à nous rendre invisibles. Des gradins avaient été taillés dans la 7ᵉ parallèle d'où les colonnes d'assaut allaient s'élancer. Les précautions les plus minutieuses avaient été prises pour assurer le succès. Les soldats étaient pleins d'ardeur et d'entrain ; leur confiance dans la journée était entière, et ils se réjouissaient fort à la pensée que cette guerre meurtrière de tranchées qui durait depuis si longtemps allait prendre fin.

Comme nous arrivions à nos emplacements, la canonnade faisait rage. Les batteries de l'assiégé, après avoir riposté d'abord avec énergie, peu à peu étaient réduites au silence. Chacun de nous, anxieux, avait l'œil fixé sur sa montre et s'étonnait comme en des moments pareils la marche du temps paraît lente. Enfin la grande aiguille a rejoint la petite. Il est midi. Nos batteries se taisent et la tête de colonne d'assaut, composée du 1ᵉʳ Zouaves et du 7ᵉ de ligne (brigade Decaen), s'élance hors de la 7ᵉ parallèle, parcourt au pas de course les 25 mètres qui la séparent de la redoute et arrive au fossé. Là, les hommes s'aidant mutuellement escaladent vivement les parapets et pénètrent dans l'ouvrage par les embrasures. Les Russes, un moment surpris, arrivent en masse et un combat furieux s'engage à l'arme blanche. Pendant ce temps, le colonel du génie Ragon accourt avec des sapeurs portant des échelles, qu'il fait jeter en travers du fossé, au saillant même de l'ouvrage. Un pont est aussi construit, assez large pour donner passage à quatre ou cinq hommes de front. Il fut si rapidement établi que les dernières compagnies de la colonne d'assaut purent s'en servir.

Mais il était temps de soutenir ces premières troupes qui se heurtaient à une vive résistance, les lignes intérieures de traverses constituant une série de retranchements qu'il fallait emporter successivement de vive force. Nous recevons l'ordre de nous porter en avant. Nous nous ébranlons et partons vivement. A ce moment, mon chef de bataillon, auprès duquel je me trouve, s'aperçoit que deux de nos compagnies placées en queue prennent dans le lacis des tranchées une fausse direction qui les éloigne du point d'attaque. En vain il leur crie de revenir sur leurs pas. Au milieu de l'effroyable vacarme de la canonnade et de la mousqueterie, sa voix n'arrive pas jusqu'à elles. Je m'élance pour porter l'ordre qu'elles ne peuvent entendre ; l'encombrement des tranchées est tel que la circulation y est lente et des plus difficiles. Je franchis le parapet et vais en courant rectifier la direction des compagnies égarées. Comme je reviens par le même chemin, un dépôt de munitions situé non loin de là, soit dans nos lignes, soit dans la place à côté des batteries Gervais — je n'ai pas le loisir de m'en assurer, — fait explosion. Une gerbe de projectiles, dont la plupart éclatent, est lancée dans les airs. Rentré dans la tranchée, j'ai la douleur de trouver mon chef de bataillon, le commandant Guyot, le ventre et la poitrine défoncés par un de ces obus. On l'emporte mourant.

Avant nous, la brigade Vinoy s'est portée au secours de la brigade Decaen. C'est à notre tour de pénétrer dans l'ouvrage en même temps que la brigade Wimpfen et les zouaves de la Garde. Les trois autres régiments d'infanterie de la Garde, 1er Voltigeurs, 1er et 2e Grenadiers, étaient employés contre la courtine qui relie Malakof au Petit Redan.

Nous sortons de la parallèle et gagnons l'angle que forme le saillant de Malakof avec la courtine. La route est déjà jonchée de morts et de blessés. Comme je viens de me laisser glisser au fond du fossé, j'éprouve une violente commotion et je roule à terre en même temps qu'une pluie de cailloux s'abat autour de moi. On accourt et on me relève me croyant mort; je n'avais absolument rien. Sans doute un des projectiles lancés par les frégates russes qui s'étaient embossées à l'extrémité de la rade et de là enfilaient la courtine de leurs feux, avait frappé le sol tout près de moi et produit un ébranlement suffisant pour me renverser. Je me hisse par une embrasure, je passe en rampant presque sous l'énorme pièce de 48 qui la garnit, et me voici dans la place.

Les lignes de traverses ont été enlevées l'une après l'autre, malgré une résistance désespérée. Nous nous portons à la gorge de l'ouvrage avec les tirailleurs indigènes de la brigade Wimpfen. Notre attaque a été si rapide que les réserves de l'ennemi n'ont pas encore pu entrer en ligne. Déconcertés par notre impétuosité, écrasés par notre nombre, les défenseurs de Malakof ont dû évacuer l'ouvrage, mais ils vont revenir, soutenus par des forces considérables, pour tenter de le reprendre. Il s'agit de les en empêcher. Nos voltigeurs arrachent aux parapets des gabions, des sacs à terre, et bouchent la coupure qui de là mène dans l'intérieur de l'ouvrage. Il n'y a pas de temps à perdre; des officiers donnent l'exemple et chargent eux-mêmes des gabions sur leurs épaules. Tant bien que mal, la coupure est fermée. Solidement établis derrière le retranchement que nous venons de compléter, d'assiégeants devenus assiégés, nous allons défier à notre tour les retours de l'ennemi. Si nous avons pu nous maintenir dans Malakof contre un adversaire aussi entreprenant, cela tient uniquement à ce que l'ouvrage était fermé à la gorge. Ce fut une grande faute de la part des Russes. Dans les autres ouvrages, le Grand et le Petit Redan, le Bastion du Mât et le Bastion Central, tous ouverts à la gorge, les colonnes assaillantes purent bien entrer au prix d'efforts héroïques et de pertes considérables; mais il leur fut impossible de s'y maintenir devant les attaques indéfiniment répétées d'un ennemi qui à une grande bravoure joignait cette qualité rare d'une persévérance indomptable, et elles durent rentrer dans les tranchées.

Bientôt, en effet, d'épaisses colonnes russes, serrées en masse, sortirent de la ville et par plusieurs directions différentes se portèrent résolument sur les positions que nous occupions. Les longues capotes brunes et les casquettes plates des fantassins emplissaient les ruelles étroites bordées de constructions et de murs en ruines qui aboutissaient à Malakof. Nous recevons les assaillants par une fusillade des plus vives. Un *turco* a déposé son fusil, tire de sa poche une petite flûte dont il joue pour animer au combat ses camarades, et les sons aigus de l'instrument produisent un effet singulier au milieu de ce vacarme assourdissant qui ne parvient pas à les étouffer. Les efforts des colonnes ennemies sont infructueux. Elles reculent, laissant bon nombre des leurs sur le terrain pour revenir à la charge; mais elles se brisent encore contre la ligne de feux dont nous couronnons le parapet qui nous abrite. Nous sommes dans l'ouvrage, nous y resterons, pour emprunter au général de Mac-Mahon, qui conduit l'attaque de Malakof avec son intrépidité ordinaire, une parole devenue historique.

Le colonel Douay m'a détaché de ma compagnie pour rester auprès de lui et porter ses ordres. Après avoir solidement établi son régiment dans les emplacements qu'il occupe et dont il ne sera pas délogé, il prend position de sa personne sur le côté droit de l'ouvrage, non loin du point où la courtine vient se souder au flanc de la redoute. De cet endroit, la vue s'étend au loin, dominant la ville, ses forts et ses clochers, la rade traversée par son gigantesque pont de bateaux, avec les mâts des bâtiments coulés trouant l'eau de leurs flèches noires et derrière nous, entrevu dans la poussière, le terrain accidenté sur lequel se développent nos attaques.

Mais je n'ai guère le loisir d'étudier ce merveilleux panorama et je reste rarement en repos. Constamment le colonel m'envoie parcourir les positions occupées par les compagnies du corps auxquelles je porte ses instructions et dont je lui rapporte des nouvelles. La lutte a été tellement acharnée qu'en certains endroits les morts forment de véritables monceaux. — Rien que dans cette étroite enceinte de Malakof, nous avons eu pour notre part plus de 2 900 hommes hors de combat. Les pertes des Russes ont dû être plus élevées encore.

— La vue de cette scène de carnage, quoique
je ne sois pas encore familiarisé avec des
spectacles de ce genre, me laisse assez indifférent. Toutefois, j'éprouve une sensation
désagréable chaque fois qu'il me faut traverser certain passage resserré — et il se
trouve comme par un fait exprès que ce
diable de passage est constamment sur mon
chemin — en travers duquel un zouave dans
le ventre duquel un obus a éclaté est étendu
sur le dos, les entrailles à nu ; ses vêtements
auxquels l'obus avait mis le feu, se consumaient lentement, et une odeur de chair
roussie se mélangeait à celle du drap brûlé. Il
me fallait enjamber ce cadavre pour passer
et je ne le faisais jamais sans un certain
malaise.

Comme dans une de ces courses à travers
l'ouvrage, je longeais la vieille tour en maçon-
nerie dont j'ai parlé, j'entendis plusieurs balles
siffler à mes oreilles, en même temps qu'une
fumée blanche sortait des meurtrières dont la
porte de la tour était percée : « Prenez garde,

me cria-t-on, passez vite ». Surpris par la rapidité de notre attaque, un certain nombre de défenseurs de l'ouvrage, se voyant la retraite coupée, s'étaient jetés dans cette sorte de réduit, s'y étaient solidement barricadés et de là tiraient tranquillement sur quiconque passait à leur portée. Ce voisinage était on ne plus gênant. On avait essayé sans succès de les enfermer pour les forcer à se rendre. Comme j'étais encore là à regarder curieusement ce qui allait se passer, je vis un lieutenant d'artillerie arriver avec quelques hommes traînant à bras un obusier de montagne. La petite pièce fut braquée sur la tour à une dizaine de mètres de distance. Au premier coup la porte vola en éclats et lès Russes, jetant leurs armes, se rendirent à discrétion. Ils étaient enfermés là dedans plus de cent.

Si nous avions réussi à occuper Malakof, aux autres attaques de droite, tout près de nous, à la Courtine ainsi qu'au Petit Redan, le succès avait été moindre, Les assauts donnés sous la direction du général Bosquet par les divisions Dulac, d'Aurelles, de la Motte-Rouge et le reste de la division de la Garde avaient échoué. A plusieurs reprises, l'enceinte avait été franchie avec un élan merveilleux ; mais privées de points d'appui, exposées aux feux de batteries puissantes placées en arrière et à celui des frégates embossées au fond de la rade, nos troupes faisaient des pertes cruelles et ne parvenaient pas à gagner du terrain en avant. Résolu à tenter un dernier effort et à reprendre l'offensive sur toute la ligne, le général Bosquet envoya chercher deux batteries de campagne de la 5<sup>e</sup> division, avec l'ordre de venir se mettre en batterie à 50 mètres à peine de la Courtine et à appuyer de leur feu le mouvement général en avant.

J'étais auprès du colonel Douay en ce moment. Nous dominions, ainsi que je l'ai dit, le terrain environnant. Nous vîmes, non sans surprise, ces deux batteries arriver au galop à découvert, franchissant les parallèles sur des passages rapidement aménagés par le génie et, très correctement, comme sur un champ de manœuvres, se mettre en batterie sous un feu d'une effrayante intensité. Ce fut un spectacle navrant et que je n'oublierai jamais. Les pièces de position de l'ennemi situées en seconde ligne, en arrière de la courtine, firent converger leurs puissants projectiles sur ces deux malheureuses batteries sans défense et les écrasèrent en quelques instants. Ce fut l'affaire d'une minute à peine. Deux pièces seules eurent le temps de faire feu une fois. Puis ce fut un effondrement. Les affûts brisés tombaient sur le flanc, des groupes de servants et des attelages entiers étaient fauchés à la fois. C'était lamentable. Les infortunés débris de ces héroïques batteries si inutilement sacrifiées tournèrent bride péniblement et se retirèrent en désordre, laissant sur le terrain, avec plusieurs pièces démontées, plus des trois quarts de leur effectif en hommes et en chevaux.

Ces deux batteries étaient commandées par le chef d'escadron d'artillerie Souty. Il fut

tué, ainsi que la plupart au reste de ses officiers. Il avait débarqué la veille seulement en
Crimée. Invité à dîner le soir par les officiers
de l'État-major général de son corps d'armée,
il les avait remerciés de leur bon accueil en
termes charmants et pleins de tact, exprimant
le regret d'arriver si tard, alors que tant de
glorieux combats s'étaient livrés auxquels il
n'avait pu prendre part, émettant l'espoir que
l'occasion se présenterait prochainement à lui
de faire preuve de bonne volonté et de se bien
montrer, tout comme ses camarades avaient
fait avant lui. L'occasion ne se fit pas attendre
et il prouva qu'on pouvait, quoique arrivé le
dernier, savoir bien mourir.

Je me trouvais au même endroit, auprès du
colonel Douay, vers quatre heures, je crois —
le sentiment de l'heure se perd avec une facilité extrême sur les champs de bataille ; si un
commandant de troupe ne charge pas spécialement un officier de noter, montre en main,
l'heure des différentes phases de l'engage-

ment, des erreurs d'appréciation extraordinaires pourront être commises — quand une explosion formidable fit trembler le sol sous nos pieds, en même temps qu'à une assez faible distance, une colonne immense de fumée noire mêlée à de la terre et à des débris de toute nature montait vers le ciel. C'était le magasin à poudre de la courtine qui sautait. Ayant levé les yeux en l'air, nous aperçûmes une poutre, qui me parut énorme, laquelle projetée dans l'espace semblait suspendue juste au-dessus de nos têtes. Nous la regardions avec une certaine anxiété, quand, arrivée au sommet de sa course ascendante et s'étant mise à tomber avec une vitesse croissante, nous eûmes la satisfaction de la voir s'enfoncer verticalement en terre, à quelques mètres de nous.

Cette explosion fit de nombreuses victimes. Une partie du 91° de ligne, son drapeau, son colonel et plusieurs hommes du 4° Voltigeurs furent ensevelis sous les débris ou sautèrent en l'air. Bon nombre d'entre eux y trouvèrent

la mort. Le colonel Picard du 91ᵉ, qui depuis
fut général de division et commandant de
corps d'armée, en réchappa, mais resta longtemps souffrant des suites de ce voyage
inattendu autant qu'involontaire, exécuté par
lui à travers l'espace.


Au courant d'une de mes expéditions à
travers la redoute, j'eus le très vif regret
d'apprendre que mon lieutenant venait d'être
tué. C'était, ainsi que je l'ai dit, un officier
très énergique et très résolu. Il avait perdu
quelques semaines auparavant son frère,
officier d'infanterie aux attaques de gauche,
blessé mortellement dans une sortie de
l'assiégé. Depuis ce temps, Hébert avait voué
une haine sauvage aux Russes et rêvait de
venger son frère qu'il adorait. Dans un des
derniers retours offensifs de l'ennemi, en proie
à une très grande surexcitation, il s'était
élancé sur le parapet et avait fait feu sur les
assaillants avec un mauvais pistolet de poche.

Une balle le frappa en ce moment entre les deux yeux et le tua raide.

Je demandai à mon colonel l'autorisation de rejoindre ma compagnie qui se trouvait sans officiers. Il m'y autorisa et je retournai prendre ma place à la tête de mes voltigeurs. Mais, quelque temps après, le feu qui commençait à se ralentir s'étant entièrement éteint, le colonel me rappela, estimant ma présence auprès de lui plus utile qu'à ma compagnie.

Les Russes, en effet, avaient renoncé définitivement à reprendre Malakof et aucun effort ne devait plus être tenté par eux pour nous en disputer la possession. Partout ailleurs, ils avaient eu l'avantage et étaient restés maîtres de leurs positions, mais précisément celle que nous occupions dominait tellement la ville qu'elle ne leur permettait pas de s'y maintenir; aussi se décidèrent-ils à l'évacuer. Vers cinq heures, — heure approximative bien entendu — le feu cessait entièrement sur toute la ligne et les assiégés commençaient leur mouvement de retraite.

Au fracas assourdissant de la journée avait succédé un silence relatif, troublé seulement de temps à autre par les explosions des magasins à poudre que les Russes faisaient sauter en se retirant. On voyait leurs longues colonnes traverser en bon ordre la rade sur le pont de bateaux et gagner la partie nord de la ville. Nous ne songeâmes pas à inquiéter leur retraite; nos troupes étaient trop épuisées et nous nous estimions au reste suffisamment satisfaits du succès si chèrement acheté qui, pour être partiel, ne nous en rendait pas moins maîtres de la portion principale de la ville. Dans l'obscurité qui descendait lentement, le mouvement d'évacuation continuait sur le pont, noir de monde. Aux colonnes en marche succédaient des convois de voitures sans doute chargées de blessés; et, la nuit venue, on percevait encore leur roulement lointain, alors qu'on avait cessé de les voir. Mais bientôt, un assez sérieux sujet de préoccupation vint nous tirer de notre quiétude.

Brusquement, des explosions formidables

se firent entendre, se succédant à bref intervalle, faisant trembler la terre et lançant dans les airs des jets de flammes. C'étaient le Grand et le Petit Redans, le Bastion Central et le Bastion du Mât qui avaient été minés à l'avance et que l'ennemi faisait sauter les uns après les autres. Heureusement, aucun de ces ouvrages n'était occupé par nos troupes; mais il n'en était pas de même de Malakof et nous nous demandions, non sans une certaine angoisse, si notre tour n'allait pas arriver. Nous étions cinq à six mille hommes pressés dans cet étroit espace, et l'on juge des ravages qu'eût causés parmi cette agglomération d'individus l'explosion de la redoute. Heureusement il n'en fut rien, et l'explosion attendue ne se produisit pas. Nous ignorions alors, et nous devions apprendre plus tard seulement, que dans la journée un sapeur du génie en donnant un coup de pioche avait mis au jour les deux fils électriques enfouis sous terre qui devaient porter l'étincelle au fourneau de mine disposé au centre de l'ouvrage. On s'était empressé, bien entendu, de couper les fils. Cet heureux coup de pioche sauva sans doute bon nombre d'existences.

Vers le milieu de la nuit, comme je dormais assis à terre, le dos appuyé contre le parapet, je me sentis tirer par le bras, en même temps qu'une voix, celle de mon colonel, me disait : « Regardez donc, le coup d'œil en vaut la peine ». Je me levai et, incomplètement réveillé, tout en me frottant les yeux, je distinguai confusément quelque chose en ignition. « Tiens, fis-je, des gabions qui brûlent!... » Un éclat de rire accueillit mes paroles. Les gabions, c'était toute la ville de Sébastopol en flammes. L'ennemi en l'évacuant l'avait incendiée pour la rendre inhabitable. Le spectacle était grandiose. Les flammes couvraient un espace considérable. D'énormes et hautes langues de feu dardaient vers le ciel leurs pointes aiguës. Une épaisse et immense colonne de fumée, rougie par les reflets sanglants de l'incendie, s'élevait couronnant cette vaste scène de désolation et, emportée par le vent, allait se perdre au-dessus de la mer, bien loin, dans la direction de Balaklava. Magnifiques funérailles faites à cette héroïque cité qui jusqu'au dernier jour s'était défendue avec une indomptable énergie!

Le lendemain matin, à sept heures, comme nous sortions de Malakof blancs de poussière, harassés de fatigue et quelque peu affamés, nous croisions le général en chef qui, suivi de tout son État-major à cheval, y faisait triomphalement son entrée.

# III


APRÈS L'ASSAUT


L'allégresse régnait au camp et à l'ivresse
engendrée par la victoire se joignait chez plusieurs d'entre nous — faut-il l'avouer? — une
secrète satisfaction, causée par l'insuccès de
nos bons alliés, les Anglais. Le cœur de
l'homme est ainsi fait; s'en indigne qui
voudra. On se plaisait à considérer la guerre
comme terminée et, de fait, à part une expédition de peu d'importance contre Kinburn,
quelques engagements de cavalerie autour
d'Eupatoria et une canonnade à peu près
inoffensive que les Russes devaient diriger sur
nous des forts du nord à travers la rade ou

des batteries de Mackensie sur les monts Fédioukine occupés par nos troupes, les hostilités prirent réellement fin. Chacun éprouvait ce soulagement instinctif dont on ne peut se défendre en se retrouvant sain et sauf au lendemain d'un combat sérieux. Des fatigues et des souffrances passées, qui se souvenait? C'est à peine si l'on accordait une pensée à ceux qui avaient payé de leur sang ce triomphe qui nous mettait en joie, aux morts que l'on ramassait par milliers sur tous les points de cet immense champ de bataille, aux blessés qui, plus nombreux encore, encombraient les ambulances. La guerre rend égoïste. On ne s'apitoie guère sur le sort des victimes, sort que d'un instant à l'autre on peut partager. Moi qui n'étais pas encore blasé sur les scènes de carnage et qui m'émeus assez facilement, j'étais, en analysant mes sentiments, étonné, presque révolté de l'indifférence avec laquelle j'avais vu tomber autour de moi, tant de pauvres gens fauchés par les projectiles de l'ennemi. J'ai remarqué depuis que ce sentiment était général et que l'attendrissement n'était pas de mise sur les champs de bataille, comme si, par une sorte de convention, chacun tînt à écarter, au moins provisoirement, toute émotion de nature à altérer le sang-froid dont en de semblables moments chacun a un si grand besoin.

Il était difficile cependant, une fois l'excitation du combat calmée, de ne pas éprouver un grand sentiment de tristesse, en constatant les vides causés dans nos rangs par cette sanglante journée. De ces camarades que je connaissais depuis quelques jours à peine, combien en était-il que je ne devais plus revoir! Sur les 46 officiers de mon régiment qui avaient pris part à l'assaut, 15 seulement avaient été épargnés; 12 avaient été tués, 19 blessés. On eût été mal venu à dire que le 2ᵉ Voltigeurs de la Garde n'avait pas vigoureusement donné dans la journée du 8 septembre.

Au lendemain d'une action meurtrière

comme celle à laquelle je venais d'assister, certaines réflexions se présentent naturellement à l'esprit.

En voyant la résolution, le calme, l'indifférence presque avec lesquels les soldats marchent au feu, on est porté à se demander quelle est cette force qui les entraîne au-devant du danger, force dont la puissance doit être bien grande, puisqu'elle domine ce sentiment inné chez toute créature vivante : l'instinct de la conservation.

Je n'entends pas parler ici des officiers : ceux-là sentent les yeux de leurs inférieurs fixés sur eux ; ils savent qu'ils doivent payer d'exemple, que l'hésitation ne leur est pas permise, et ils s'entraînent eux-mêmes par la nécessité d'entraîner les autres, et puis, pour bon nombre d'entre eux, il y a un stimulant énergique, la perspective d'un bout de ruban ou d'un grade nouveau à conquérir.

Je ne parle pas davantage de ces esprits hardis et aventureux, friands du danger comme d'autres le sont du repos et du bien-être, toujours prêts à se lever quand on fait appel aux bonnes volontés pour quelque mission périlleuse dont il y a gros à parier qu'on ne reviendra pas; et elle est nombreuse, Dieu en soit loué! sur notre bonne terre de France, la race de ces braves gens au cœur vaillant et chevaleresque.

Non, en écrivant ce qui précède, je pense à ce petit troupier que connaissent seuls ses chefs immédiats, qui n'a rien à attendre de l'issue du combat, ni honneurs, ni récompenses, tout au plus peut-être la médaille militaire et une modeste pension de retraite à la condition de les acheter par la perte de quelque membre, qui sait d'avance que s'il laisse ses os au coin d'un champ ou d'un bois, la gloire pour lui se traduira en une simple mention sur un état nominatif des tués et disparus, qui ira s'enfouir dans quelque carton poudreux du ministère.

Il sait que les journaux ne donneront même pas son nom, à lui victime obscure et ignorée, qu'on parlera de lui au village un jour ou deux, un peu plus longtemps au foyer où l'attendait la place qu'il devait occuper au retour et à laquelle il ne reviendra pas s'asseoir; et puis l'oubli, l'oubli complet, cet oubli cruel et inévitable que l'égoïsme des vivants ménage au bout d'un temps plus ou moins long à ceux qui ne sont plus.

Et cependant il marche, ce petit soldat, il marche de bon cœur, courbant peut-être instinctivement la tête à la première balle qui lui siffle aux oreilles, mais ne bronchant pas aux suivantes et se familiarisant bien vite avec tous les bruits troublants du champ de bataille.

Il marche, parce qu'il sent que c'est son devoir de marcher et que ce sentiment du devoir étouffe en lui cette crainte de la mort si naturelle chez tout être qui vit et respire.

Il sent qu'il lui faut faire honneur à l'uniforme qu'il porte, à son drapeau, à son régiment, à son pays, à lui-même enfin, car s'il refusait de marcher, il serait déshonoré et, plutôt qu'encourir une pareille flétrissure, il aime encore mieux risquer d'attraper un mauvais coup.

C'est qu'il a son amour-propre, le petit soldat; ses camarades, les anciens, sont là qui le guettent du coin de l'œil, prêts à le blaguer à la première défaillance. Mais il ne leur donnera pas cette satisfaction; il fera aussi bien qu'eux et même mieux, s'il en trouve l'occasion.

Et puis enfin, il circule dans les foules comme un courant magnétique qui établit, entre les divers éléments dont elles se composent, une sorte de solidarité morale, de communauté de sensations.

L'entrain des valeureux se communique aux hésitants. Tel qui, isolé, marchera timidement, peut-être même s'arrêtera, s'il est certain de ne pas être aperçu, se portera en avant résolument en compagnie des camarades, subissant cette influence de l'exemple, cette action mystérieuse qui s'exerce sur les masses — action néfaste parfois, quand elle opère en sens inverse et engendre les paniques dans lesquelles les plus braves à leur tour sont entraînés en arrière par les timides.

Salut donc à toi, petit soldat qui affrontes la mort courageusement, sans grand enthousiasme parfois, car tu ne sais pas toujours à quel propos tu te bats, mais qui en le faisant penses à ton devoir et à ton pays!

C'est la réunion de milliers d'obscurs dévoûments comme le tien qui gagne les batailles, bien plus que les combinaisons du général en chef.

Aussi, est-ce vers toi, humble artisan de la gloire des triomphateurs, que se porte de préférence mon admiration.

En rentrant au camp, j'avais eu à dresser l'état des morts et des blessés de ma compagnie et à établir des propositions de récompense en faveur des plus méritants et de ceux qui avaient reçu des blessures graves. Le soir même, le général de Failly, qui commandait la brigade de Voltigeurs de la Garde et dont l'aide de camp, le capitaine de Villermont, avait été la veille blessé à la tête par un éclat d'obus, me détachait de mon régiment pour remplacer provisoirement auprès de lui son aide de camp, entré à l'ambulance.

Le général de Failly s'était fait remarquer à la bataille de Traktiv par l'entrain avec lequel il avait enlevé sa brigade. A la suite de cette journée, il avait reçu le commandement d'une brigade de la Garde, en remplacement du général Ulrich, rentré en France. Plus tard, dans le courant de ma carrière militaire, je rencontrai à plusieurs reprises le général de Failly. En 1859, il commandait, non sans distinction, une des divisions de mon corps d'armée. Quelques années plus tard, il était nommé aide de camp de l'Empereur et recevait en 1870 le commandement du 5$^e$ Corps d'armée. Les événements le servirent mal : le brusque départ de Bitche, semblable plutôt à une débandade qu'à une marche régulière, commença la désorganisation de ce corps que la surprise et la défaite de Beaumont achevèrent. Brillant chef de corps, brigadier et divisionnaire de mérite, le général de Failly, investi d'un commandement plus élevé, ne se retrouva plus et resta inférieur à lui-même. Au reste, homme du monde accompli et rempli d'affabilité, il sut se conserver de nombreuses sympathies jusqu'à son dernier jour.

La brigade de Voltigeurs de la Garde avait quitté le plateau du Télégraphe pour aller s'installer à peu de distance du grand quartier général. Mes nouvelles fonctions me laissaient peu de loisirs, car notre divisionnaire, le général Mellinet étant grièvement blessé et l'autre brigadier, le général de Pontevès, ayant été tué, le général de Failly se trouvait investi du commandement de la division d'infanterie de la Garde. Dès que je pus m'échapper, j'allai aux ambulances voir trois de mes camarades, stagiaires comme moi dans un régiment d'infanterie de la Garde, tous trois blessés gravement, tous trois couchés sur le sol dès le début de l'action, au moment même où ils s'élançaient hors des tranchées.

Rien de lugubre comme la vue de ces ambulances. Certaine baraque sinistre dans laquelle les amputations se succédaient encore sans interruption, quoique l'assaut remontât déjà à quatre jours — si grand était le nombre des blessés — et dont un des coins était occupé par un amas sanglant de membres fraîchement coupés, me fit éprouver une émotion que je n'avais pas ressentie à Malakof au plus fort du feu, alors que les morts et les mourants jonchaient le sol. Autant d'amputés, autant d'hommes condamnés presque, à cette époque où les méthodes antiseptiques étaient inconnues. La hideuse gangrène, la pourriture d'hôpital, comme on l'appelait, se mettait dans les plaies et emportait la plupart des blessés, parfois en moins d'une demi-journée.

Je vois encore un grand grenadier de la Garde à la figure pâle et résignée, très jeune, presque imberbe, qui arriva le bras gauche en écharpe sous sa capote mise d'un côté seulement. Une balle lui avait labouré l'épaule. Un chirurgien sonda la plaie, tandis qu'un autre lui tenait le bras. Le blessé devait souffrir cruellement, mais, à part une légère contraction des traits, sa figure resta impassible. La balle avait fait de tels ravages dans l'articulation que l'extraire était impossible et que l'amputation eût été une torture supplémentaire et inutile imposée à ce malheureux. C'était un homme perdu. Je le compris au rapide regard que les deux chirurgiens échangèrent entre eux : « Cela guérira tout seul, lui dit l'un d'eux en posant un tampon de charpie sur la blessure béante. Ayez un peu de patience, ce n'est pas grave ». L'homme eut un sourire triste et, le pansement terminé, ramenant de son bras valide sa capote sur l'épaule blessée, s'éloigna d'un pas lent et alourdi par la souffrance, après avoir salué et remercié.

Non loin de là, un autre grenadier, auquel on amputait deux doigts de la main droite brisés par une balle, poussait des cris déchirants.

Je trouvai mon camarade de promotion de Crény sous une tente relevée à sa partie inférieure de manière à laisser circuler librement. Il avait reçu une balle au bas-ventre. La blessure en elle-même n'offrait pas une extrême gravité, mais la pourriture d'hôpital s'y était déjà mise. On parvint à arrêter ses progrès à force de cautériser la plaie avec de l'acide chlorhydrique. Quelques semaines plus tard, de Crény, qui avait un moral excellent, rentrait à son régiment et reprenait son service.

Il n'en devait pas être de même des deux autres. Colle, un de mes anciens, stagiaire au 1er Grenadiers, avait eu la poitrine traversée de part en part par une balle. La souffrance, quand je le vis, ne l'avait pas abattu et son énergie était extraordinaire. Il m'assura qu'il voulait guérir, qu'il guérirait; et, de fait, la plaie se cicatrisa, un semblant de guérison apparut et il put rentrer en France. Mais les poumons avaient été trop fortement atteints. Il traîna misérablement et finit par mourir épuisé, après avoir langui quelques mois.

Le dernier, Servier, fut plus malheureux encore. Il était mon ancien à l'École polytechnique ainsi qu'à l'École d'état-major, et faisait son stage au 1<sup>er</sup> Voltigeurs. C'était un grand et beau garçon, d'une intelligence peu ordinaire. Je le vois encore, avec ses cheveux blonds, sa physionomie douce, éclairée par deux yeux bleus au regard pensif. Frappé au côté d'une balle dont l'extraction fut jugée impossible, affaibli en outre par le **choléra** dont à mon arrivée je l'avais trouvé **très** souffrant, dès le premier jour sa position fut jugée désespérée. Il avait le délire quand je le vis et ne me reconnut pas. J'y retournai à quelques jours de là et arrivai pour le voir mourir dans de cruelles souffrances.

Le jour où, par une matinée grise et brumeuse, nous le conduisîmes à ce lugubre champ des morts aux limites sans cesse reculées, je fus chargé de lui adresser un suprême adieu. Pauvre Servier! Qu'est devenue la modeste pierre que je fis tailler par un voltigeur de mon régiment et poser sur sa tombe, humble monument dont j'envoyai un croquis à sa mère désolée, qui pleurait là-bas son fils unique, mort loin d'elle pour son pays?

Un autre de mes camarades trouva la mort à Malakof dans des conditions qui méritent d'être rapportées. Le jour de l'assaut, entré un des premiers avec sa compagnie dans l'ouvrage, il avisa un groupe de trois officiers russes qui se retiraient lentement. S'élançant vers l'un d'eux et le saisissant au collet de sa capote : « Vous êtes mon prisonnier, monsieur », lui dit-il. « Pas encore, monsieur », répondit l'autre et, tirant un pistolet de sa ceinture, il le déchargea sur Klein en pleine poitrine, à bout portant. Mon infortuné camarade tomba foudroyé.

J'ai profité de quelques heures de liberté pour aller visiter Sébastopol. L'incendie est éteint; toutefois une odeur de brûlé se dégage de toutes ces ruines et, dès que l'on pénètre dans l'intérieur de la ville, nous prend à la gorge. Çà et là, un monument plus solidement construit que les autres a résisté aux flammes et dresse sa façade de pierre à peu près intacte. Sur le port, une jolie église que le feu a épargnée, très gracieuse avec son cloché renflé peint en vert, mire sa silhouette élégante dans l'eau noire et immobile de la rade. A côté d'elle est restée debout l'horloge publique de la ville, sorte de tour semblable à un phare. Des pilotis, des estacades, dont les têtes grossièrement équarries sortent de l'eau, sont couverts, dans leurs parties immergées, d'une énorme quantité de grosses moules. Les mâts des bâtiments coulés par les Russes, soit pour fermer l'entrée de la rade, soit pour éviter qu'ils ne tombent dans nos mains, sortent de l'eau tristement, avec leurs hunes désemparées, leurs agrès rompus, et, au-dessous de ces misérables débris encore apparents, on se représente ces coques puissantes, éventrées par l'explosion, couchées sur le flanc et reposant sur un lit de vase.

Je visite le fort Saint-Nicolas, massive construction de pierre percée d'innombrables embrasures. Quelles puissantes défenses protégeaient la place du côté de la mer! Si elle eût été fortifiée avec le même luxe du côté qui regardait la terre, peut-être n'eussions-nous jamais réussi à nous en emparer. Je parcours également le Bastion Central, prodigieux entassemeut de batteries superposées, de traverses, le tout défoncé par nos projectiles, troué par nos bombes, bouleversé par l'explosion finale, parsemé de débris, d'uniformes, de fragments de gabions éventrés, d'éclats d'obus, de baïonnettes tordues, de fusils brisés. Dans les embrasures protégées par d'épais masques en cordages, les lourdes caronades de fonte s'allongent encore menaçantes. D'autres en partie brisées, égueulées, hors de service, sont couchées à terre à côté de leurs affûts fracassés. Et au-dessus de ces décombres, plane cette odeur de drap roussi, de paille moisie, de poudre brûlée, odeur caractéristique, tenace, persistante, dont restent imprégnés pendant si longtemps les endroits où l'on s'est battu.

Les rues étaient pleines de soldats de toutes armes venus là en curieux, très gais, tout heureux de se promener en vainqueurs dans cette ville devant laquelle ils avaient « trimé » si longtemps, entrant et furetant partout, ramassant tout ce qui leur semblait bon à prendre, très fiers de leur modeste et peu enviable butin. J'aurais mauvaise grâce pourtant à faire le dédaigneux, car mon ordonnance dénicha je ne sais où et me rapporta en triomphe un superbe fauteuil, qui devait introduire dans mon existence un confort jusque-là inconnu.

L'armée apprend que le général commandant en chef est nommé Maréchal de France. Différant sous plus d'un rapport de son prédécesseur, le général Canrobert, qui, payant d'exemple, se prodiguait au feu et, plein de sollicitude pour ses soldats, allait fréquemment dans les ambulances visiter les malades et les blessés, le maréchal Pélissier se montrait peu et ne sortait guère de sa baraque.

Mais il possédait une énergie indomptable et, quand il avait pris une détermination, poursuivait son but sans que rien pût l'en détourner, ni l'étendue des sacrifices à accomplir, ni le nombre des vies humaines à jeter en pâture au destin. C'est ainsi qu'il avait assumé la tâche laborieuse de réduire Sébastopol, alors que le général Canrobert, aussi modeste que brave, s'était déclaré incapable d'y arriver.

Les réparties brutales du maréchal Pélissier, son manque affecté de savoir-vivre sont devenus légendaires et l'on remplirait des volumes rien qu'avec les mots qu'on lui prête ou les anecdotes le concernant.

Je citerai seulement ce mot de lui, peu connu, je crois : alors qu'il était chancelier de la Légion d'honneur, on le voyait fréquemment se promener sur la terrasse fleurie du palais de la Grande Chancellerie, coiffé d'un képi amarante à sept galons, sans visière. On venait de construire le pont de Solférino, qui aboutissait d'une part aux Tuileries, de l'autre au quai d'Orsay, la rue de Solférino n'étant encore qu'amorcée : « Le pont de Solférino, dit-il un jour à un visiteur de sa voix mordante et nasale, oui, c'est comme la victoire de ce nom : ça ne mène à rien ». Il convient d'ajouter que le maréchal n'avait pas pris part à la campagne d'Italie, et que les lauriers cueillis sur les bords de l'Adige ne lui semblaient que médiocrement intéressants.

J'ai été visiter le port anglais de Balaklava. C'est une rade étroite et sinueuse, fouillée profondément dans les terres et bordée de hauteurs qui en font un mouillage excellent, à peu près abrité contre tous les vents. Balaklava était un pauvre village de pêcheurs, grecs ou maltais pour la plupart. Les Anglais en ont singulièrement modifié la physionomie. Les hauts steamers aux flancs droits, à la proue effilée, se pressent dans le port les uns contre les autres, portant la croix de Saint-Georges à la corne d'artimon. Sur leurs vergues se tiennent alignés et immobiles d'innombrables cormorans, noirs, au bec jaune. De temps à autre l'un d'eux se détache, exécute lourde-

ment deux ou trois envolées circulaires au-
dessus de la rade, crève d'un coup de bec l'eau
calme, d'un vert sombre, pour happer quelque
poisson minuscule et retourne prendre sa
place sur la vergue dont il a fait son perchoir.
Partout règne une grande animation. Des
baraquements superbes, des magasins richement approvisionnés attirent mes regards. Si
les Anglais ont souffert au début de l'expédition d'un dénûment à peu près complet en
toute chose, l'expérience leur a servi. Il ne
leur manquera rien cet hiver. J'avise un
pêcheur maltais, monte dans sa barque et me
fais conduire hors du port.

Le temps est merveilleux ; l'eau est à peine
ridée par une légère brise qui vient du large.
Je longe le pied de falaises escarpées d'une
hauteur considérable qui plongent à pic dans
la mer. Le long des parois lisses et verticales,
encore des oiseaux de mer par milliers, qui
tourbillonnent autour des anfractuosités des
roches dans lesquelles ils ont fait leur nid.
Traînée par un petit remorqueur, une frégate

sort du port lentement et majestueusement. Elle porte des blessés et des soldats que l'on rapatrie, c'est au moins ce que je suppose en distinguant sur le pont des officiers le bras en écharpe et la tête enveloppée de bandages. Le lourd bâtiment cingle vers le sud et disparaît presque à mes yeux, dans l'aveuglant et lumineux scintillement de la mer que frappe un soleil ardent.

Remonté à cheval, je longe le petit chemin de fer qui relie Balaklava au camp anglais. Nous n'avons rien de semblable. De quelle utilité pourtant eût été une voie ferrée reliant Kamiesh aux principaux emplacements occupés par nos troupes! Que de fatigues, que de corvées pénibles, que de retards dans les distributions eussent été évités! Mais les chemins de fer ne sont pas prévus par les règlements administratifs. L'intendance a ses convois de soldats du train et de mulets dont on s'est toujours contenté jusqu'à présent, et l'on fera comme par le passé, dussent les objets les plus nécessaires au bien-être et à la santé de

nos soldats rester emmagasinés à Kamiesh
pendant des mois avant de pouvoir être distribués.

A la sortie de Balaklava, je croise un
officier de hussards de Sa Gracieuse Majesté,
escortant une jeune amazone en tenue aussi
correcte que si elle foulait le Rotten-Row du
Park.

Depuis quelque temps, le bruit courait que
la Garde Impériale allait être renvoyée en
France et bientôt la nouvelle se confirma.
L'ordre de départ fut donné pour le
5 novembre. Arrivé depuis deux mois et demi
à peine, il ne pouvait me convenir de rentrer
sitôt. Je demandai à rester et fus nommé au
73e de ligne.

J'ai fait la conduite à mon régiment jusqu'à
Kamiesh. Je les ai vus s'embarquer sur les
gros transports qui les ramèneront en France.
Chez tous, la pensée de revoir, de fouler aux
pieds dans quelques jours, après tant de
fatigues endurées, tant de dangers courus, le

sol de la patrie, fait naître une satisfaction qu'ils ne cherchent même pas à dissimuler. Des lueurs joyeuses brillent dans les yeux. Que de poignées de main j'échange avec les partants! J'éprouve une réelle tristesse à me séparer de mes camarades et surtout de mes Voltigeurs que j'étais si heureux de commander. Eux-mêmes paraissent regretter de ne pas me voir partir avec eux, et je crois leurs regrets sin-cères. Braves gens avec lesquels tout est facile et qu'il n'est pas besoin d'entraîner au feu! Ils y vont bien d'eux-mêmes et de bon cœur. Me voici seul, et je reprends mélancoliquement le chemin du camp. Le jour tombe, il est trop tard pour rejoindre le 73ᵉ, campé là-bas dans la plaine de Balaklava. Ces tentes vides encore debout, ce camp désert me font éprouver une impression pénible de solitude et d'abandon. Je desselle moi-même mon cheval, je le bouchonne et l'attache au piquet. Pendant mon absence, des *chapardeurs* sont venus fouiller partout, en quête d'épaves abandonnées ou oubliées. Des sentinelles avaient bien été posées, mais sans doute en trop petit nombre, et leur surveillance est restée inefficace. On a pénétré dans ma tente, pourtant bien soigneusement fermée. Un sac de nuit a été forcé et tout mon linge a disparu. Cette découverte ne contribue pas à égayer mon esprit assombri et, tristement assis sur mon pliant à l'intérieur de ma tente, seul être vivant dans ce grand camp tout à l'heure encore si animé, je me sens envahi par une invincible mélancolie. Une diversion se produit. J'avais mis sécher au soleil le tapis de feutre recouvert de drap bleu placé sous ma selle. A travers la porte de coutil de ma tente légèrement relevée, j'aperçois un rôdeur, un soldat de la Légion Étrangère, qui s'avance avec précaution, promenant ses regards de tous côtés. Il avise mon tapis, se baisse et va s'en emparer; mais, prompt comme l'éclair, je saisis ma cravache, m'élance au dehors et administre une maîtresse correction au personnage qui, terrifié, détale à toutes jambes et disparaît.

Cette petite exécution m'a fait du bien. Les officiers d'une batterie d'artillerie de la Garde, campés non loin de là et qui ne doivent s'embarquer que dans quelques jours, viennent me chercher et m'emmènent avec eux. Nous dinons gaîment. La soirée se passe à échanger de joyeux propos et du diable si, au moment où je vais m'allonger sur mon lit-cantine, il reste trace de ma mélancolie!

Mon nouveau chef de corps, le colonel Du Bos, n'était autre que ce légendaire chef de bataillon du 3ᵉ Zouaves qui, à Inkermann, avait lancé ses hommes, la baïonnette en avant, sur les masses russes et dégagé les Anglais qui, écrasés par le nombre, se trouvaient dans une situation désespérée. Grand, large d'épaules, doué d'une force herculéenne, le visage coloré, avec des yeux bleus dont le regard n'était pas dépourvu de douceur, le front couronné par des cheveux frisés d'un blond ardent, il possédait un cœur excellent et était de ceux qui à première vue inspirent la sympathie. Mais il ne faisait pas bon lui déplaire; cet homme de manières si affables était terrible quand il le voulait. Je me souviens qu'un jour il fit comparaître devant lui un mauvais chenapan, un ancien sergent-major cassé, qui terrorisait sa compagnie, même les gradés. Le drôle ayant accueilli ses observations en ricanant, le colonel le saisit par un bras, l'enleva de terre et l'envoya rouler à dix pas dans la poussière. L'homme se releva, la tête basse et le regard mauvais, mais dompté. On n'entendit plus parler de lui.

Le 73ᵉ de ligne est campé dans la plaine de Balaklava, sur le versant nord des petites éminences qui s'élèvent en arrière des monts Fédioukine. Notre camp est bordé par la route Woronzoff qui va de Sébastopol à Yalta en passant par Baïdar, et longe en corniche cette admirable côte méridionale de Crimée, comparable, assure-t-on, sinon supérieure, à notre côte provençale. Nous jouissons d'un des plus beaux panoramas qui se puissent voir. Au nord, à l'est et à l'ouest, ce sont des amon-cellements de montagnes dont les cimes sont souvent masquées par les nuages. Au sud, la plaine se déroule avec ses maigres prairies au travers desquelles serpente un mince filet d'eau. Là-bas, au loin, dans la direction de Balaklava, entre deux pitons paraît un coin de mer, noir quand le ciel est sombre, éblouissant comme un miroir quand le soleil le frappe. C'est sur ces collines, au sommet desquelles se distinguent encore les vestiges de vieilles redoutes démantelées, que nous allons passer la saison froide qui commence. L'armée a reçu l'ordre de prendre ses quartiers d'hiver et chacun s'ingénie à se défendre de son mieux contre les rigueurs d'un climat que l'on sait devoir être peu clément.

A part la moitié du faubourg de Karabel-naya, qui a été réservée aux Anglais, Sébastopol a été divisé en autant de lots qu'il y a de corps de troupes. Chacun d'eux s'étudie consciencieusement à dépecer le lot qui lui est échu et à en extraire ce que l'incendie a épargné. Planches, madriers, portes, fenêtres, tuiles, ardoises, tout est bon. Les pierres seules sont respectées. Encore plus d'une a-t-elle pris le chemin du camp pour servir à édifier des constructions d'une architecture généralement peu compliquée. Ne pouvant habiter Sébastopol, nous déménageons Sébastopol en détail et l'apportons chez nous. Il s'en faut cependant de beaucoup que l'on trouve là des ressources suffisantes pour loger tout le monde. Dans mon régiment on essaye du système de campement russe. Des trous carrés sont creusés en terre et on les recouvre d'un double toit en clayonnage sur lequel on dispose des plaques de gazon. Dans ces abris à moitié souterrains, on était assez bien à l'abri du froid, mais par malheur, quand l'état sanitaire de l'armée s'aggrava, le typhus s'y mit. Il fallut creuser d'autres trous, puis en revenir définitivement aux tentes encore plus saines que tout le reste. Dans chaque régiment, une grande baraque en bois servait de lieu de réunion aux officiers. Ces derniers étaient logés sous la tente, à part ceux d'entre eux qui s'étaient construit des maisons. Tous ne possédaient pas, dans l'art de bâtir, des connaissances suffisantes. Un officier d'un régiment voisin fut à moitié assommé par sa construction qui s'écroula sur sa tête.

Un de nos officiers supérieurs, le commandant de la Blanchetée, aujourd'hui retraité comme général de brigade, entreprit lui aussi de se bâtir une maison pour son usage personnel. Il y consacra tous ses soins et produisit un chef-d'œuvre. Mais l'enfantement de cette maison modèle avait été tellement long et laborieux qu'elle se trouva terminée et prête à être habitée juste au moment où l'armée rentra en France.

Les mauvais jours sont arrivés. L'automne est pluvieux et l'on nous prédit que l'hiver sera rude. Sous l'action de pluies prolongées, une boue gluante couvre le sol; les pieds glissent sur la terre détrempée. L'humidité pénètre partout, traversant la mince épaisseur

## MODES DE CRIMÉE
### TENUE DU MATIN

*Criméenne à collet et capuchon*
*Guètres bulgares — Sabots — Chéchia rouge à gland bleu*
*Gilet en peau de chèvre*
*Bon appétit et belle humeur*

d'après une aquarelle du Colonel Corbin.

des tentes, envahissant les abris que les
hommes se sont construit. Des nuages bas
couvrent les hauteurs voisines ; puis ce sont des
raffales de vent effrayantes, qui secouent et
ébranlent nos fragiles maisons de toile. Chacun
se tient tristement enfermé chez soi jusqu'à ce
que la bourrasque soit passée. Pour prévenir
la démoralisation chez les hommes, dans
l'après-midi, on fait jouer la musique sur le
front de bandière. Les petits fantassins
entourent le cercle des musiciens et, en écoutant ces airs qui leur rappellent la France, ils
se reportent par la pensée vers la petite ville
dans laquelle ils tenaient garnison avant qu'on
les embarquât pour cet Orient lointain. Ils
revoient le Cours égayé à l'heure de la
musique par les claires toilettes des femmes
et les cris joyeux des enfants se poursuivant
sous les grands arbres. Mais c'était insuffisant
à les entretenir en belle humeur. Sous ce ciel
sombre et triste, la gaîté des cuivres semblait
résonner à faux et il semblait qu'au-dessus de
cet auditoire indifférent, de cette musique qui,

malgré ses efforts, était presque lugubre et de ce paysage aux lignes sévères planât une insurmontable mélancolie.

Brusquement, le froid vient. Ce n'est plus de la pluie, c'est un mélange de grésil et de neige fondue qui tombe obliquement, chassé par une bise aigre. Puis un matin, au réveil, la terre apparaît blanche de neige. Les vêtements chauds n'arrivent de France que tardivement. On a trop attendu. Le bois est rare. Il faut aller le chercher au loin. Chaque régiment entretient dans les forêt qui entourent Baïdar un détachement de bûcherons qui, sans discontinuer, abattent et débitent chênes et sapins. Tout ce bois est apporté au camp par des arabats, chariots primitifs du pays tout en bois et aux essieux grinçants, que traînent lentement deux grands buffles gris, pauvres bêtes dont les côtes saillantes percent la peau excoriée. Des cas nombreux de congélation se produisent chez la troupe, et le typhus commence en outre à produire ses ravages. Dans le courant de l'hiver, le nombre d'hommes entrant aux ambulances s'éleva pour toute l'armée à près de trois cents par jour, et combien. peu de ces malheureux sont appelés à revoir leur drapeau !

Étant en seconde ligne, nous n'avons pas à fournir le service pénible de grand'garde aux bords de la Tchernaya. Pour occuper nos hommes, nous leur faisons faire, quand le temps s'y prête, de longues marches militaires. De même pour les officiers : en vue de combattre l'ennui, conséquence de cette inaction prolongée, le général de brigade et le colonel organisent dans la grande baraque du régiment des réunions fréquentes. On se reçoit et on se traite mutuellement entre corps de la même brigade. Tout en buvant du punch, on chante jusqu'à une heure avancée de la soirée des chansons dont on reprend le refrain en chœur. Le bon général Jamin, notre brigadier, n'était pas le dernier à entonner ces refrains de sa voix sonore et à donner le signal des applaudissements. Chacun défilait tour à tour son répertoire pour l'amusement des camarades et l'auditoire complaisant ne se plaignait pas du retour périodique des mêmes chansons.

Nous avions d'autres distractions : en première ligne, les plaisirs variés qu'offrait Kamiesh. A Kamiesh on vendait un peu de tout, même des sourires. Des négociantes accortes, venues de Marseille pour la plupart avec une pacotille quelconque, ne se faisaient pas faute de doubler leur commerce d'un autre négoce plus rémunérateur. Mais l'affluence extraordinaire des amateurs, la disproportion excessive entre le nombre des acheteurs et la quantité de la marchandise à vendre ne rendaient pas l'accès de cette distraction facile à tous. Jamais l'adage ancien d'après lequel tout le monde ne peut pas aller à Corinthe, ne trouva mieux que là son application. Heureusement, il était un autre divertissement d'un meilleur acabit et largement ouvert à tous : le théâtre des Zouaves.

Dans une grande baraque, un théâtre avait été très ingénieusement agencé. Les sièges

étaient peu rembourrés et les décors primitifs, mais le public ne se montrait pas
exigeant. Les acteurs, tous zouaves ou fantassins des régiments voisins, étaient fort amu-
sants et jouaient avec beaucoup d'entrain. La
partie féminine de la troupe laissait quelque
peu à désirer. Les rôles de femmes étaient
confiés à de jeunes troupiers, rasés de frais et
de physique aussi agréable que possible, mais
la voix toujours un peu rude ou éraillée
trahissait, quoi qu'il fît, le sexe de l'artiste.
Un d'eux, cependant, tenait avec beaucoup
d'éclat l'emploi des grandes coquettes et portait la toilette féminine avec une aisance telle
qu'il arrivait presque à faire illusion.

Le théâtre était assez éloigné de notre camp.
Nous nous y rendions généralement à cheval.
Le retour à la nuit noire, quand la lune faisait défaut, en pleins champs, sans chemins
tracés et sans points de repaire visibles, était,
même avec le secours d'une ou deux lanternes
portées par nos ordonnances, chose assez
délicate. Le mieux était de laisser tomber les

rênes sur le cou de son cheval et de s'en remettre à lui du soin de vous ramener au camp. Les animaux ont un instinct merveilleux pour s'orienter dans l'obscurité et retrouver leur chemin.

Mais si l'instinct des chevaux peut dans certains cas rendre d'utiles services, l'entêtement parfois inexplicable de ces mêmes quadrupèdes peut, d'autre part, vous jouer en certaines circonstances un assez mauvais tour, ainsi qu'en fait foi l'anecdote suivante que le maréchal Niel m'a contée.

Avant qu'une armée fût envoyée en Crimée à l'effet de réduire Sébastopol, une petite expédition avait été dirigée dans la Baltique, sous les ordres du général Baraguey d'Hilliers, sans but bien déterminé. Le commandant en chef s'estima fort heureux de rencontrer sur sa route les îles d'Åland défendues par de petits forts assez débonnaires, dont il fit son objectif. On débarqua les troupes et le siège commença. Le général Niel, qui commandait le génie du petit corps d'armée, s'était porté en avant, monté sur sa jument favorite, dans le but de reconnaître les approches du fort principal. Il galopait à travers des prairies coupées par d'étroits fossés pleins d'eau, quand, ayant été aperçu par la garnison du fort, il vit un boulet ricocher à quelques mètres de lui, en faisant voler des mottes de gazon. Un deuxième et un troisième suivirent, également inoffensifs. Il ne s'en inquiéta pas et poursuivit son chemin; puis, sa reconnaissance terminée, il se mit en devoir de se retirer, toujours accompagné par les salves que le fort tirait en son honneur. Mais, un fossé s'étant présenté, la monture du général, qui venait d'en franchir plus de vingt, se refusa cette fois énergiquement à passer outre et s'arcbouta sur ses quatre jambes, malgré les coups d'éperons et de cravache que son maître lui prodiguait. Voyant cela, les artilleurs du fort faisaient feu de toutes leurs pièces et c'était une véritable grêle de projectiles de gros calibre qui s'abattait autour du cavalier et du cheval. La situation devenait désagréable et menaçait de s'éterniser, quand le général renonçant à triompher de l'obstination de l'animal, prit le parti de longer le fossé au galop sous un feu de plus en plus violent jusqu'à ce qu'il rencontrât un ponceau par lequel la maudite jument voulut bien consentir à passer.

Aux distractions dont je viens de parler, nous en joignions une autre que nous prisions bien autrement, celle de la chasse. Le gibier n'était pas rare, pour peu que l'on gagnât les hautes montagnes boisées qui entourent la vallée de Baïdar. Les lièvres et les chevreuils y abondaient. Quand le soleil devant les hauteurs voisines semblait nous promettre une belle journée de chasse, nous partions, soit à cheval, soit en voiture [1], nos chiens entre nos jambes ; nous gagnions notre territoire de chasse qui était illimité, affranchis de la préoccupation d'avoir à respecter des chasses

1. Le colonel Du Bos avait déterré, je ne sais où, une vieille calèche que la tradition rapportait être la voiture du prince Mentchikof, prise à l'Alma

gardées et, les chiens découplés, il était rare
que nous n'eussions pas immédiatement la
satisfaction de les entendre donner de la voix.
Que de bonnes heures j'ai passées dans ces
grandes forêts silencieuses, dont le vent faisait
bruire sur ma tête les feuilles desséchées et
dont un clair soleil d'hiver argentait les troncs
noircis! Dans le lointain, la voix des chiens
tour à tour s'éloignait et se rapprochait; plus
loin encore, résonnaient des bruits sourds et
réguliers, les coups de hache donnés contre
les arbres destinés à être abattus par quelque
détachement de bûcherons, campé dans les
environs. Dans ce pays de montagnes, des
sites grandioses et inattendus s'offraient à
nos regards. C'étaient des entassements de
croupes, les unes arrondies et verdoyantes,
d'autres couronnées par des escarpements
rocailleux se dressant à pic. Dans les val-
lées, nous rencontrions de pauvres villages,
perdus au fond des bois, qui avaient conservé une partie de leurs habitants. Sur le
seuil des portes, des Tatars, coiffés d'une

épaisse calotte de fourrure, une graisseuse touloupe en peau de mouton sur le dos, le poil en dedans, nous regardaient passer, indifférents. Un jour, à travers une fenêtre ouverte, j'entrevis une belle jeune fille coiffée du *kakoshnik* national, en forme de diadème. Ce fut une apparition rapide. Effarouchée, elle poussa le battant de la croisée et se déroba à mes regards.

Un jour, nos chiens étaient partis sur la piste d'un renard. Nous chassions sur les hauteurs qui dominent à l'est Balaklava et, la distance étant peu considérable, nous étions venus à cheval. Le renard détalait devant les chiens qui donnaient de la voix à plein gosier, et je suivais au petit galop sur une prairie fine et unie comme un gazon anglais. Tout à coup, je m'arrêtai net, retenant ma jument avec une telle saccade de bride que la douleur la fit se cabrer : devant moi, sous mes pieds, cachée jusque-là par un renflement du terrain, la mer toute bleue, toute moutonnante, infinie, m'apparaissait subitement dans le vide, au pied de la falaise dont je touchais la crête. J'éprouvai un moment de malaise indicible et n'échappai au vertige qu'en tournant bride brusquement.

La ligne de la Tchernaya séparait les avant-postes des deux armées. Il ne faisait pas bon aller flâner de ce côté. Je le regrettais vivement. Dans son parcours à travers le massif de montagnes qui borne à l'est la plaine de Balaklava, je savais que cette rivière présentait des sites d'une beauté peu ordinaire. Sur plusieurs kilomètres de long, elle coule entre des parois de rochers à pic de plus de 300 mètres de hauteur, ce qu'il eût été regrettable de ne pas voir. D'un autre côté, il eût été par trop niais de se laisser cueillir, comme le fit le lieutenant-colonel d'État-major de Lagondie. L'épopée de cet officier supérieur mérite d'être racontée tout au long.

Il convient de dire que le colonel était myope, mais myope comme on ne l'est pas, myope à ne pas distinguer à cent mètres un arbre d'un clocher, ce qui pour un officier d'État-major ne laisse pas que de présenter des inconvénients sérieux. Sa connaissance parfaite de la langue anglaise l'avait fait détacher comme commissaire représentant l'armée française auprès du grand quartier général anglais. Un beau jour, en faisant sa promenade matinale, il s'était aventuré à cheval dans la plaine de la Tchernaya, avait dépassé, sans doute sans s'en apercevoir, la ligne de nos avant-postes, et franchi la rivière sur un de ses ponts. Bientôt, il constata qu'il s'était égaré et comme, malgré le secours des verres les plus puissants, il lui était impossible de s'orienter par l'examen de l'horizon, son embarras fut grand. Heureusement, il distingua confusément à quelque distance une troupe en marche : « Me voilà hors d'affaire », pensa-t-il, et s'approchant du chef du détachement, il lui demanda de vouloir bien lui indiquer la direction dans laquelle se trouvait le camp. « Le camp français, lui répondit avec la plus grande courtoisie l'officier interpellé, est derrière vous, vous lui tournez le dos. Mais le

camp russe est devant nous et, si vous avez l'extrême obligeance de me suivre, c'est là que je vais avoir l'honneur de vous conduire. »
Il était tombé sur un bataillon russe en marche et n'avait même pas reconnu à qui il avait affaire. Il donna de ses nouvelles quelques jours plus tard, et fit savoir qu'il était à Batchi-Seraï, où on le traitait admirablement.

C'était une bien curieuse figure que celle de cet excellent colonel de Lagondie. Si sa vue était faible, il se rattrapait d'autre part, car il était doué d'une force corporelle prodigieuse. Pendant qu'il vous faisait visite, si vous aviez l'imprudence de lui demander, dans le but de lui être agréable, un échantillon de la vigueur de ses muscles, il se campait en face d'une porte, le bras ramené contre la poitrine, dans la position du boxeur qui se prépare à la lutte, puis, détendant le bras, lançait vivement son poing fermé contre la porte qui du coup volait en éclats ou pour le moins se fendait dans toute sa longueur. Je l'ai connu plus tard sous-chef d'État-major du 4ᵉ Corps d'armée à Toulouse. Je montais souvent à cheval avec lui. Je remarquais que tout cheval nouvellement acheté par lui devenait invariablement rétif en trois jours : « Il a une gueule d'enfer », disait-il, en lui sciant la bouche à lui fendre jusqu'aux oreilles. C'était lui qui avait une poigne d'enfer, et au bout de quelques jours de ce régime, le cheval le plus doux se révoltait et ne songeait plus qu'à s'y soustraire. Mais, quand les velléités de révolte s'accentuaient par trop, le colonel n'avait qu'à serrer les genoux et, domptée par cette étreinte formidable, la pauvre bête se soumettait. Un jour, comme il dînait à Rouen dans la salle à manger de l'hôtel d'Angleterre, un lustre très lourd, en bronze, se détacha du plafond et lui tomba sur la tête. On le crut assommé. Il fléchit sous le coup, mais se redressa et, l'émoi général apaisé, reprit son dîner comme si de rien n'était. Tout au plus se plaignit-il pendant vingt-quatre heures d'un léger mal de tête. La légende veut que le lustre se soit faussé en tombant sur le crâne du

colonel, mais il y a évidemment là de l'exagé-
ration.

Rencontré au coin d'un chemin un campement de bohémiens, la charrette recouverte
d'une mauvaise bâche trouée, les brancards en
l'air, le cheval étique tondant du bout de ses
dents déchaussées l'herbe rare et jaunie,
toute la bande groupée autour d'une marmite
de fer posée sur un trépied, dans laquelle
cuit la pitance du soir. Le chef, un vieillard
encore droit, a vraiment grand air, drapé dans
ses haillons, une longue barbe d'un blanc
sale recouvrant sa poitrine, la moustache
jaunie par le contact du court chibouk pendu
à ses lèvres. Il porte une étroite ceinture de
cuir, à laquelle sont accrochées deux cartou-
chières de cuivre repoussé au marteau, d'un
assez joli travail, et près de lui est posé à terre
un de ces tromblons d'un autre âge, dans le
canon évasé desquels on verse les balles par
poignées, sans les compter. Je lui propose
par signes de me céder son arme et ses car-

touchières. Il se consulte ; la vue d'une pièce de vingt francs triomphe de ses hésitations. Il détache sa ceinture, me la tend ainsi que le tromblon, et s'empare avec avidité de la pièce d'or que tous les gens de la bande viennent admirer, posée à plat dans le creux de sa main ridée et basanée, leurs regards brillant de convoitise. Pour une seconde pièce semblable, le vieillard me vendrait tout ce qu'il a, même une belle fille d'une quinzaine d'années, à la chevelure emmêlée, au corps svelte et élégant à peine voilé par des vêtements en lambeaux, et qui, fixant sur moi ses grands yeux noirs, me dévisage effrontément.

Le temps est devenu affreux. Les raffales se succèdent sans interruption, renversant les tentes, rendant la circulation des plus pénible. Une nuit pendant laquelle la tempête s'était déchaînée avec une violence effrayante, j'ai eu une alerte terrible. Ma porte est arrachée de ses gonds, plusieurs piquets de la tente cèdent et, par ces ouvertures, le vent entre avec des torrents de pluie, bouleversant et noyant mes effets. Réveillé en sursaut, je me crois arrivé à ma dernière heure. M'enveloppant dans mon caban, m'armant d'une hachette et d'une lanterne, je sors et, sous un véritable déluge, je renfonce les piquets arrachés; puis, rentré, je me barricade et consolide ma porte à l'aide de mes cantines et de ma table. A quelques nuits de là, deuxième alerte, encore plus vive. Presque tout un côté de ma tente est arraché; il me faut, de nouveau, sortir sous la neige fondue pour renfoncer dans la terre détrempée ces malencontreux piquets. L'ouragan a été effroyable. Quantité de tentes ont été arrachées, enlevées par le vent, et les soldats qui les habitaient roulaient dans la boue. La tempête s'est étendue au loin et plusieurs bâtiments ont sombré sur la côte.

En outre, la température baisse rapidement. Vers la fin de décembre, le thermomètre accuse 25 degrés au-dessous de zéro. La neige couvre le sol sur une épaisseur de plus de trente centimètres. Une bise glaciale nous arrive des plateaux de Mackensie après avoir balayé les immenses steppes dénudés de la Russie. Pour éviter les cas de congélation qui deviennent de plus en plus fréquents, — car les chaussettes de laine, les sabots, les ceintures de flanelle, les chaudes criméennes annoncés ne sont pas encore arrivés, — on fait faire aux hommes tous les jours des marches militaires. Ils les exécutent tristement, sans entrain, les mains engourdies ayant peine à soutenir le fusil, la couverture roulée autour du cou en guise de cache-nez. Bientôt, heureusement, le vent tourne au sud, la température remonte un peu; puis, par degrés, l'hiver s'avançant, la neige fond, disparaît et la circulation hors du camp cesse d'être laborieuse.

Une des promenades les plus agréables était incontestablement la grande route qui, partant de Kamiesh, traversait le camp et allait rejoindre la route Woronzof au col de

Balaklava. Le spectacle qu'elle présentait en tout temps était d'une variété et d'une animation extrêmes. Elle était sillonnée constamment par les détachements de toutes armes ou par des isolés rejoignant leurs corps, par des voitures et des mulets du train toujours en mouvement, sans cesse arpentant les chemins, quelque temps qu'il fît. Défilé amusant, s'il en fut, pour l'observateur! Voici des gendarmes à cheval, avec leur baudrier jaune, chargés de veiller à la sûreté du camp et au maintien du bon ordre. C'est d'eux que relèvent ces innombrables mercantis, généralement fort peu recommandables, que l'appât du gain attire auprès des armées. Des arabats, conduits par des Tatars et traînés par des buffles gris aux longues cornes recourbées, s'avancent lourdement, faisant crier leurs essieux. Un officier anglais, en veste rouge et coiffé d'une toque minuscule sans visière, arrive au trot sur un superbe cheval et, en passant, échange un salut avec un officier de bersaglieri à la tournure leste et décidée.

Mais un mouvement se produit et tout le monde se range sur les côtés de la route : un spahi dont le burnous rouge flotte au vent, s'avance, suivi de deux hussards le sabre au clair. Ils précèdent une calèche, traînée par quatre chevaux du train, dans laquelle est assis le Maréchal commandant en chef, accompagné de son premier aide de camp. Derrière la voiture, le peloton d'escorte galope dans la poussière, avec un cliquetis de fourreaux de sabres heurtant les étriers. Le Maréchal rentre à son grand quartier général, après avoir fait sa visite habituelle à la très jolie et très gracieuse Mme Bazaine, celle qui fut la première femme du prisonnier de l'île Sainte-Marguerite.

Une véritable ville que ce grand quartier général. Voici les baraques qui constituent le logement particulier du commandant en chef. On a planté tout autour des arbres chétifs, desquels le maréchal aurait tort d'attendre jamais beaucoup d'ombre. A côté, cette sorte de clocher élevé portant un grand cadran,

c'est l'horloge qui donne l'heure au camp.
Tout près sont les baraques des aides de camp
et des officiers d'ordonnance du Maréchal, du
général de Martimprey et des officiers de
l'État-major général, puis celles du grand
prévôt, du payeur général, de l'intendant
général, du médecin en chef. Ce n'est pas
tout : voici les installations du service télé-
graphique et du service topographique, les
baraques des officiers étrangers, commissaires
des armées alliées auprès du commandant en
chef de l'armée française, — position pleine de
douceur et exempte de fatigues, — celles des
officiers espagnols qui ont été autorisés à
suivre les opérations. Voici la chapelle catho-
lique et, non loin, de dimensions plus
modestes, la chapelle protestante ; puis le campement du peloton d'escorte, celui des gens
de service et des ordonnances, des hangars,
des écuries, des magasins, tout un monde.

A une assez faible distance, mais de l'autre
côté de la route, s'étend le grand quartier
général anglais, beaucoup moins important,

les divers services n'étant pas groupés dans le camp de l'armée alliée comme dans le nôtre. Le commandant en chef de l'armée anglaise occupe une grande maison carrée, d'aspect très confortable. Au delà, sur le plateau compris entre le ravin des Anglais et celui de Karabelnaya, sont correctement alignés les baraquements du camp anglais, très supérieur au nôtre comme installation. Mais on y chercherait en vain l'animation que présente le camp français. Les soldats de la Reine sont gourmés; c'est à peine si, en passant devant une cantine, on entend jaillir de la porte ouverte des éclats de voix ou quelque refrain de chanson à boire. Je me plaisais à venir faire des études de mœurs dans ce milieu si différent du nôtre. Je me souviens, comme scène caractéristique, avoir vu une musique d'infanterie répétant en marchant un pas redoublé pour défilé. Plus de vingt fois, sans se lasser, avec une patience réellement admirable, elle exécuta son même mouvement de conversion, pendant que des

instruments sortait le même motif indéfiniment répété; et cela dura jusqu'à ce qu'une
précision parfaite fût atteinte dans le mouvement. Et aujourd'hui encore, en pensant à cette scène, j'entends ce motif, sau-
tillant comme une gigue, me résonner aux
oreilles avec ses coups réguliers de grosse
caisse et l'accompagnement aigu des fifres.

Le jour où le général de Martimprey
s'aboucha avec le chef d'État-major de l'armée
russe, pour la conclusion d'un armistice, il
y eut une grande affluence au pont de Traktir.
Le drapeau blanc des parlementaires flottait
de chaque côté. Un assez grand nombre
d'officiers et de soldats russes se pressaient
sur la rive droite de la Tchernaya; sur la rive
gauche, c'était une véritable foule composée
d'officiers de tout grade et de soldats de toutes
armes, appartenant aux trois armées française,
anglaise et piémontaise. Durant l'entrevue,
l'entente la plus cordiale a régné. Les officiers
russes, enveloppés dans leurs longues capotes
grises et coiffés de leurs casquettes plates,

nous ont paru avoir une tenue un peu sévère. Leur attitude a été d'une correction parfaite; la plupart d'entre eux parlaient le français couramment. La fusion s'était établie immédiatement entre Russes et Français, les Anglais se tinrent davantage sur la réserve.

Je fus témoin de l'amusant épisode que voici : un officier russe à cheval s'approcha, le plus aimablement du monde, d'un capitaine de cavalerie anglais porteur d'une superbe cravache, dont la pomme d'argent ciselé brillait au soleil, et lui offrit en souriant son fouet, un de ces petits fouets communs et sans valeur comme en portent, dans l'armée russe tous les officiers montés. Le capitaine anglais prit machinalement l'objet qu'on lui tendait et ne crut pas pouvoir se dispenser d'offrir en échange sa cravache. L'officier russe la prit et s'éloigna au galop avec un éclat de rire auquel les assistants firent chorus, tandis que l'Anglais regardait piteusement le mauvais petit fouet contre lequel il venait de troquer sa précieuse cravache.

Le 14 mars, dans une nouvelle entrevue, est fixée la délimitation des emplacements occupés par les armées, et le 16 a lieu l'échange des ratifications de l'armistice entre les généraux en chef. C'en est fait des hostilités et, par un phénomène étrange qui ne se produit pas communément entre ennemis de la veille, il semble que de part et d'autre on cherche les occasions de faire assaut de politesses et de se prodiguer des témoignages de sympathie. J'en recueille même la preuve à quelques jours de là dans les circonstances suivantes.

J'étais allé le 20 mars au camp anglais, assister à des courses à pied pour lesquelles des prix en argent assez considérables devaient être décernés aux vainqueurs. Les épreuves étaient de deux natures : courses de vitesse sur une longueur d'une centaine de mètres à peine ; courses de fond ne dépassant pas un mille. Plus de 12 000 Anglais, officiers et soldats, assistaient à ces exercices. Les courses finies, je pris en compagnie d'un de mes camarades la direction d'Inkermann qui se trouvait à quelque huit kilomètres de là. Nous traversâmes le plateau sur lequel se livra la sanglante bataille qui faillit être si funeste à l'armée anglaise et, par un sentier en pente raide, nous descendîmes dans la vallée de la Tchernaya. D'un aspect charmant, quoiqu'un peu mélancolique, cette vallée, qui sur ce point ferme un étroit défilé et est resserrée entre des parois de rochers à pic. A travers des prairies parsemées de larges flaques d'eau qui brillent au soleil, la rivière serpente capricieuse, bordée de trembles et d'aulnes, dont les branches encore dépourvues de feuillage se détachent comme une broderie noire très fine sur le fond du paysage. Derrière nous, le canal de dérivation, qui amenait dans la ville les eaux de la Tchernaya pour l'alimentation des bassins du carénage, passe sur un aqueduc aux arcades gracieuses, qui aboutit brusquement à un tunnel creusé dans un rocher vertical d'un beau ton roux[1]. A l'entrée

1. Le prince Demidoff raconte dans son voyage que ce

de la vallée, une roche gigantesque de formation calcaire, toute percée de trous, semble, posée sur une colline aux pentes douces comme sur un piédestal, une sentinelle avancée qui garde l'entrée du défilé. Plus à gauche, un autre rocher de formation analogue se dresse, couronné par des donjons démantelés et des murs en ruine. Sa surface paraît comme criblée d'un nombre considérable d'ouvertures, dont plusieurs affectent une forme régulière. Il me semble même distinguer trois fenêtres accolées, surmontées d'une sorte de fronton triangulaire taillé dans la pierre et précédées d'un balcon. A la base du rocher, des grottes s'enfoncent, dont l'entrée surbaissée et pleine d'ombre, tranche sur la blancheur crayeuse du roc. C'est le rocher d'Inkermann. Des corbeaux, seuls habitants depuis bien des mois de cette vallée, qui, bordée par les avant-postes des belligérants, formait une sorte de terrain neutre, s'envolent

canal fut inauguré à l'occasion d'une visite faite dans la vallée d'Inkermann par le maréchal Marmont.

lourdement à notre approche et vont se poser sur les cimes des arbres en troublant de leurs croassements tristes le silence profond qui nous environne.

Nous sommes descendus aux bords de la petite rivière. Un officier russe nous a vus, vient à notre rencontre et nous souhaite la bienvenue en se nommant à nous. Il a le grade de colonel. Après l'échange de quelques phrases courtoises, il nous engage à venir visiter la célèbre et curieuse chapelle d'Inkermann, entièrement creusée dans le roc et dont précisément la triple fenêtre a déjà attiré notre attention. Nous acceptons et, ayant attaché nos chevaux à un arbre, nous franchissons la Tchernaya sur des fascines et des branches jetées en travers du cours d'eau, non sans mouiller quelque peu nos chaussures. Le colonel nous mène d'abord à son poste où nous sommes, de la part des autres officiers, l'objet des plus gracieuses prévenances, puis il nous conduit à la chapelle. Cet immense bloc calcaire est creusé à l'intérieur dans tous les sens. De nombreuses cellules reliées entre elles par des escaliers et des corridors abritaient autrefois toute une population de moines. La chapelle, fort intéressante en effet avec sa voûte en ogive, est ornée de quelques vieux tableaux enfumés dont il est malaisé de distinguer le sujet. Du balcon la vue est merveilleuse : d'un côté, la vaste plaine avec son amphithéâtre de montagnes lointaines aux teintes bleuâtres; de l'autre, l'étroite vallée verdoyante, encaissée entre des rochers abrupts, et dans le fond, la rade tout étincelante sous les rayons obliques du soleil couchant. Nous repartons par le même chemin, charmés de l'accueil que nous avions reçu et non sans avoir vivement insisté auprès du colonel et de ses officiers pour qu'ils voulussent bien nous faire l'honneur de venir nous voir au camp.

Les soldats des deux nations ne fraternisaient pas moins entre eux que leurs officiers. Il était interdit de franchir la Tchernaya — défense que pour notre part, mon camarade et moi, nous n'avions guère respectée, — mais d'une rive à l'autre on les voyait échanger, faute de pouvoir se comprendre, des gestes amicaux très démonstratifs, et les cigares volaient par-dessus la rivière, avec force éclats de rire et applaudissements, lesquels sont de toutes les langues.

Il y eut mieux. Le jour où l'on apprit la délivrance de l'Impératrice et la naissance du Prince Impérial, dès que le soleil fut couché, spontanément, dans la plaine de Balaklava, sur tous les fronts de bandière, de grands feux de joie s'allumèrent. Quelle ne fut pas notre surprise de voir quelques instants plus tard toute une ligne de feu couronner le plateau de Mackensie et les hauteurs occupées par les troupes russes! Elles voulaient nous prouver qu'elles s'associaient à notre joie et nous témoignaient ainsi leur sympathie.

A quelques jours de là, la paix était signée.

Le surlendemain, muni d'un laissez-passer régulier, je partais en compagnie de quelques officiers, désireux comme moi de visiter le camp russe. Nous prîmes le pont de Traktir et suivîmes la route de Balaklava à Baktchi-Séraï. Devant nous se déroulaient les prairies qui bordent la rivière et dans lesquelles, à la journée sanglante de la Tchernaya, les Russes avaient laissé un si grand nombre des leurs. Nous eûmes à traverser ensuite, en nous dirigeant vers le plateau de Mackensie, une grande plaine déserte et dénudée. Rien de triste comme ces espaces désolés qui s'étendent entre deux armées ennemies en présence l'une de l'autre pendant de longs mois; la vie semble s'en être retirée et la végétation elle-même, faute de culture, y fait presque entièrement défaut. De temps à autre, des grandes herbes jaunes et desséchées qui couvraient le sol par places, émergeait une carcasse de cheval ou de buffle, aux ossements blanchis par la pluie. Nous passâmes à côté d'une redoute abandonnée et bientôt nous longions le pied de la batterie Bilboquet, aujourd'hui silencieuse. Nous engageant dans un chemin à pente assez raide, nous ne fûmes pas longs à gagner la crête du plateau, toute garnie en cet endroit de batteries et de retranchements en crémaillère fortement armés. Nous étions dans le camp russe, au milieu de la 11e division.

Les premiers soldats que nous rencontrâmes nous regardèrent avec étonnement. Aucun Français sans doute n'était encore venu de ce côté. Nous traversâmes les rangées de huttes en clayonnage, à moitié enfoncées en terre, qui servent d'abri aux hommes. Le camp nous sembla moins animé que les nôtres. La nuance sombre des grandes capotes dont les soldats sont enveloppés n'était pas faite pour y jeter une note gaie. Le sol était hérissé de souches d'arbres dont les troncs avaient disparu depuis longtemps, transformés en combustible. Un détachement de Cosaques vint à passer, allant relever quelque poste, les chevaux amaigris, la croupe tombante, la crinière et la queue longues, les cavaliers haut perchés sur leur selle et nous regardant en riant.

Le bruit de notre arrivée s'était répandu et

nous vîmes venir tout un groupe d'officiers,
les mains tendues et la figure souriante. Il
nous fallut les accompagner dans la baraque
qui leur servait de mess et où nous attendait
la réception la plus cordiale. Les bouchons
des bouteilles de champagne sautèrent joyeusement en l'air, et l'on but aux deux armées
qui s'étaient combattues sans haine, sans
colère, qui, par des prodiges de valeur et de
persévérance accomplis de part et d'autre dans
cette guerre de géants, avaient mutuellement
appris à s'estimer, et dont la sympathie réci-
proque avait plutôt grandi, — ainsi qu'il arrive
pour deux camarades qui, amenés sur le terrain par un dissentiment passager, se donnent
la main, l'honneur une fois satisfait, et sentent
leur amitié resserrée par cette rencontre.

Nous quittâmes, non sans peine, ces amis
d'une heure et nous nous dirigeâmes vers les
forts qui s'élèvent sur la rive nord de la rade.
Après avoir tant de fois contemplé Sébastopol
du côté sud, nous allions voir la ville sous
son aspect opposé. Du haut du fort du Nord,

nous dominions la rade qui s'étendait à nos pieds avec ses eaux calmes, toutes frissonnantes sous un soleil radieux. Au delà, Sébastopol se déroulait avec ses maisons écroulées, ses forts transformés en monceaux de ruines. Sur la gauche, un espace immense couvert de décombres attirait les regards. Là, s'élevaient les docks splendides et les casernes monumentales de la Marine. Plus loin se distinguaient des amas de terre remuée. Ce sont les retranchements de la place, au delà desquels se dessinent de grandes ondulations de terrain traversées par de profonds ravins et sillonnées par le zigzaguement des tranchées. Enfin, tout au bout, à l'horizon, on aperçoit confusément d'innombrables points blancs. Ce sont les tentes des armées française et anglaise qui occupent le plateau sur lequel s'élevait jadis l'antique Chersonèse.

Au fort du Nord comme sur toute notre route, nous avions recueilli les mêmes témoignages de sympathie, et ce n'est pas sans quelque peine que nous pûmes nous dérober à des démonstrations amicales qui eussent allongé plus que de raison notre excursion. Dans un des camps que nous traversâmes, le hasard nous rendit témoins de danses nationales très curieuses, et de chants exécutés avec beaucoup d'ensemble, dont le refrain était repris en chœur par tous les assistants. Ces mélodies, un peu tristes, avaient un assez grand caractère. Nous fîmes venir de la cantine voisine et offrîmes quelques bouteilles d'eau-de-vie aux musiciens, qui entonnèrent en notre honneur un hymne de reconnaissance.

Indépendamment de la cordialité de leur accueil, ce qui nous frappa particulièrement, ce fut la distinction parfaite de la plupart des officiers russes que nous eûmes occasion de voir. D'une taille généralement élevée, ayant presque tous très grand air, ils semblaient appartenir au meilleur monde. Le lendemain matin, deux d'entre eux que j'avais invités sur le plateau de Mackensie me firent l'honneur de venir déjeuner avec moi ; en partant, ils nous laissèrent charmés par leurs manières, qui étaient celles de véritables gentilshommes.

Le maréchal Pélissier, auquel une grande revue de l'armée russe avait été offerte sur le plateau de Mackensie, invita à son tour le général Luders, commandant en chef les forces russes, à venir passer en revue l'armée française.

Les troupes étaient rangées en bataille, par bataillons en masse, sur les crêtes qui avoisinent le monastère Saint-Georges, tournant le dos à la mer, la droite appuyée au col de Balaklava, la gauche s'étendant à perte de vue dans la direction de Kamiesh. La croix dorée du monastère brillait derrière la droite du corps de réserve, commandé par le général de Mac-Mahon.

La ligne immense ondulant sur le terrain accidenté dont elle épousait les sinuosités, semblait, avec ses innombrables baïonnettes sur lesquelles se jouait la lumière, un gigantesque serpent aux écailles d'acier.

En avant dans la plaine, galopaient des officiers anglais avec leurs uniformes rouges, plusieurs accompagnés d'élégantes et sveltes amazones que l'on eût juré s'être échappées le matin même de Belgravia.

A onze heures, le maréchal Pélissier arrivait, ayant à sa gauche, pour lui laisser le côté de la troupe, le général Luders en tunique verte, coiffé d'un casque aux plumes blanches retombantes, à sa droite, les généraux Codrington et La Marmora.

Le défilé est un des plus admirables spectacles militaires auxquels j'aie jamais assisté.

Un vent violent s'était élevé et, sous les pieds de ces milliers d'hommes et de chevaux, la poussière, chassée horizontalement par les raffales, surgissait du sol en nuages épais qu'un soleil radieux dorait en les traversant.

C'est au milieu de cette sorte d'auréole lumineuse que défilèrent, comme dans une apothéose, à une allure rapide et avec un entrain merveilleux, aux sons stridents des clairons dont les éclats se mariaient aux roulements puissants des tambours, ces troupes, des plus belles que la France ait jamais eues, composées d'hommes dont la plupart avaient assisté à vingt combats, résisté aux épidémies, à deux hivers rigoureux et aux fatigues d'un siège sans précédent dans l'histoire.

Dans l'après-midi, ce fut le tour de l'armée anglaise, et jamais la différence de tempérament des deux armées ne s'accusa mieux qu'en cette occasion.

Le vent était tombé; sur un sol uni et gazonné, choisi à proximité de leur camp, les soldats de la Reine, alignés avec une correction irréprochable, raides et impassibles comme à une parade des Horse-Guards à Saint-James, défilèrent posément, d'un pas méthodique et cadencé, que scandaient les coups régulièrement espacés de la grosse caisse, soutenus par les trilles aigus des fifres. Les sons nasillards des cornemuses leur succèdent, et voici venir, dans leur pittoresque costume, les superbes régiments écossais en tête, le beau 42th Highlanders, qui a laissé la moitié de son effectif dans l'intérieur du Grand Redan. La cavalerie défile la dernière, admirablement montée, cette cavalerie qu'ont illustrée à jamais la charge de Balaklava et la mort héroïque de lord Cardigan.

La revue est terminée. Le général Luders descend de cheval, monte dans sa voiture, échange son casque contre une casquette de petite tenue, et, saluant une dernière fois, s'éloigne au grand trot de ses chevaux.

L'embarquement des troupes commença vers la fin du mois d'avril. La division d'Eupatoria partit la première ; elle fut suivie de près par les régiments de zouaves. Bientôt les embarquements se succédèrent sans interruption, et l'évacuation du plateau de la Chersonèse s'opéra rapidement. Le général Decaen avait été chargé d'organiser trois nouveaux régiments d'infanterie de la Garde, à l'aide d'éléments prélevés sur l'ensemble de l'armée de Crimée, et j'avais été détaché auprès de lui pour l'assister dans ce travail.

Cette opération aussi délicate que compliquée touchait à son terme. Ces trois régiments de la Garde, composés d'hommes portant les uniformes de tous les corps d'infanterie de l'armée, se groupaient peu à peu sur ce plateau du Télégraphe, naguère désert, et que recouvraient aujourd'hui des tentes dont le nombre croissait tous les jours. Des officiers et des sous-officiers, choisis avec soin, étaient venus encadrer les hommes. Ils s'agitaient et ils vivaient, ces régiments dont chacun comptait plus de deux mille hommes; ils faisaient rouler les tambours, résonner la crosse des fusils et pétiller le feu des cuisines. Les cuivres des musiques éclataient gaîment, les appels de clairon traversaient les airs; tout ce monde s'amalgamait, et ces éléments d'origine diverse composeraient, quand ils auraient reçu en France les uniformes brillants de la Garde, l'habit à plastron blanc, les grandes buffleteries, le shako ou le bonnet à poils garni de lourdes tresses, des corps d'élite superbes qui, à trois années de là, affirmeraient leur valeur dans les plaines de la Lombardie.

Le Maréchal commandant en chef voulut les passer en revue. Dans toutes les compagnies, les hommes avaient été disposés régulièrement suivant l'uniforme qu'ils portaient : infanterie de ligne, chasseurs à pied, zouaves et infanterie de marine. Cette diversité de tenues produisait un effet assez pittoresque. Le défilé fut magnifique, et le maréchal exprima au général Decaen toute sa satisfaction.

Nous recevons à notre tour l'ordre de rentrer en France. Si heureux que je sois de me rapprocher de la France et des miens, pendant que le bâtiment qui nous porte, secoué par une forte houle, s'éloigne du port, je tiens longuement mes regards attachés sur cette terre dénudée sous laquelle dorment tant des nôtres qui, moins heureux que nous, ne reverront jamais la France. Dans le lointain paraît comme une tache cette ville de Sébastopol, naguère encore si florissante, aujourd'hui transformée en un monceau de décombres.

Pourquoi cette accumulation de ruines et le sacrifice de toutes ces vies humaines? Quels résultats profitables en sortira-t-il pour la cause de la civilisation et celle de l'humanité? Et ces résultats, s'ils existent, de quelle durée seront-ils? J'eusse été fort en peine de répondre aux questions mélancoliques que je me posais, et je ne sais où mes réflexions m'eussent conduit, si un malaise subit ne les eût brusquement interrompues. Le vent souffle avec une violence inouïe; nous trouvons au large une mer démontée et chacun de nous disparaît dans l'entrepont pour ne redonner signe de vie, anéanti, épuisé par quarante-huit heures de souffrances, qu'à l'entrée du Bosphore.

Je glisse rapidement sur les incidents du retour. A Constantinople, où nous ne séjournerons que quelques heures, je fais une dernière excursion hâtive dans les rues du vieux Stamboul. Nous sommes transbordés sur le *Danube*, magnifique paquebot des Messageries, sur lequel nous aurons comme compagnons de route quelques très aimables officiers anglais. Voici Gallipoli, les Dardanelles, le tombeau d'Achille,... *et campos ubi Troja fuit.* L'Archipel surgit dans la brume du soir.

Le lendemain, nous débarquons au Pirée. Mon cœur bat en posant le pied sur le sol de l'Attique. Un fiacre tout disloqué et sonnant la ferraille, que conduit un superbe Palikare, me transporte au galop à Athènes. J'ai quatre heures seulement devant moi pour tout voir, l'Acropole avec ses ruines majestueuses, les temples de Jupiter, de Thésée, de Bacchus et tant d'autres merveilles. C'est avec émotion, presque avec recueillement que je monte au Parthénon. Je dessine d'une main fiévreuse ce temple auguste avec ses colonnes cannelées sur le marbre desquelles le temps a posé une patine dorée. Dans mon album prennent place également le temple d'Erechthée, avec ses admirables cariatides, la Victoire rattachant son cothurne, l'exquis bas-relief attribué à Praxitèle. Mes yeux ne pouvaient se rassasier de la contemplation de ces chefs-d'œuvre; j'eusse voulu les dessiner tous pour en conserver plus vivace le souvenir. J'eusse voulu surtout pouvoir prolonger mon séjour sur cette terre classique de l'art et de la poésie que j'étais appelé sans doute à ne jamais revoir. Mais l'heure me rappelle et me voilà galopant de nouveau dans mon fiacre, sur la route poudreuse bordée d'oliviers roses, pendant que mon cocher en fustanelle blanche et veste soutachée à manches flottantes fait joyeusement claquer son fouet, là où Alcibiade passait sur son char traîné par des coursiers de Numidie. Les blés mûrs font aux champs un tapis d'or; les orges déjà coupées jonchent le sol. Les oliviers étendent leurs rameaux grêles d'un gris pâle, et, dans le fond, le mont Hymette s'élève, d'une nuance violette très douce, baigné par la mer d'un bleu intense.

A Messine, déception. Nous sommes en quarantaine, sans savoir pour quelle cause; on prend nos lettres au bout d'une perche. Il nous faut admirer de loin cette ville de palais, de couvents et d'églises. Voici Charybde et

Scylla, au pied desquels la mer s'agite et bouillonne blanche d'écume. Stromboli apparaît sur notre droite couronné par un mouvant panache de vapeurs. La nuit tombe et le panache se colore de reflets sanglants.

Nous traversons le détroit de Bonifacio et nous arrivons enfin à Marseille. Spectacle inoubliable! Nous sommes dans la semaine de la Fête-Dieu. Le jour baisse au moment où notre canot nous descend à l'extrémité du Vieux-Port. Une procession immense emplit la Cannebière, avec ses théories de jeunes filles vêtues de blanc et ses innombrables bannières s'agitant au-dessus de la foule silencieuse et recueillie. Le prêtre est monté dans un reposoir élevé au milieu de la large rue et, adossé à l'autel, bénit l'assistance en traçant dans les airs avec l'ostensoir le signe de la croix. Tout à coup, les détonations se font entendre, un feu d'artifice s'allume derrière le reposoir, mêlant ses tournoiements de soleils au fracas des bombes et aux flammes multicolores des chandelles romaines, tandis que les feux de

Bengale projettent sur les hautes maisons des lueurs pourpres d'incendie.

C'est dans cette auréole de fête que mon pays m'apparut, quand je le revis après dix mois d'absence.

LA VEILLE DE SEDAN

## LA VEILLE DE SEDAN

♯

> ... Il est aisé de gagner la
> bataille après coup....

La chaleur était accablante. A une après-
midi brûlante avait succédé une soirée lourde
et orageuse. J'étais sorti dans le jardin, cherchant un peu de fraîcheur sous les arbres,
dont aucun souffle n'agitait le feuillage. Des
éclairs de chaleur enflammaient sans discontinuer l'horizon, projetant sur les nuages
sombres des nappes de feu qui s'éteignaient à
peine allumées. Tout à coup, à la lueur d'un
éclair plus prolongé que les précédents,
j'aperçus de l'autre côté de la haie la haute
silhouette de mon voisin le colonel, qui arpen-

tait son jardin avec une rapidité fiévreuse. Il me vit également et, m'appelant d'une voix brève, m'invita à venir le retrouver.

Je ne manquais jamais de déférer avec empressement aux invitations de cette nature qu'il voulait bien m'adresser. D'abord j'avais un profond et respectueux attachement pour cet ancien serviteur de la France, retiré du service après une carrière honorablement remplie. Il avait pris part, en effet, comme officier d'État-major, à toutes les guerres du Second Empire, la Crimée, l'Italie, la Chine, le Mexique, sans compter la douloureuse campagne contre les Allemands. En outre, quand il m'appelait de la sorte, c'est qu'il se sentait, lui si taciturne d'ordinaire, en humeur de conter, d'exhumer, comme il disait, quelques-uns des vieux souvenirs enfouis au fond de sa mémoire et dont il semblait posséder une collection inépuisable.

Or, rien ne m'intéressait comme les récits qu'il me faisait, en son langage ardent et imagé, d'épisodes se rattachant à l'une de ses

campagnes. J'étais fanatique de la carrière
militaire que je me disposais à embrasser, et
je travaillais dans cette intention pour entrer
à Saint-Cyr. Ainsi sentais-je ma jeune imagination s'enflammer à ces narrations de faits
d'armes et de batailles qui se terminaient
toujours par de glorieuses victoires; car les
guerres antérieures à 1870 étaient les seules
dont il m'entretînt. Jamais ne sortait de ses
lèvres un seul mot ayant trait à la lutte sou-
tenue avec plus de vaillance que de bonheur
contre les armées allemandes.

Les désastres qui, à cette époque néfaste,
s'abattirent sur la France, l'effondrement subit
de nos gloires militaires consacrées par tant
de siècles, avaient, en effet, produit sur son
esprit une impression profondément douloureuse et à laquelle le temps lui-même, ce
grand guérisseur, devait rester impuissant
à apporter aucun adoucissement. Rentré de
captivité, après s'être employé une dernière
fois au service de son pays en combattant
l'insurrection criminelle de la Commune, il

demanda, quoique âgé de cinquante ans à peine, sa mise à la retraite, estimant, par un sentiment qui pouvait être honorable, mais que pour ma part je trouvais exagéré, ne plus pouvoir continuer à porter une épée qu'il avait été forcé de rendre à l'ennemi. Il éprouvait en outre un écœurement de toutes choses, une lassitude morale sans bornes, qui engendraient chez lui un besoin invincible de solitude et de repos.

De retour dans son pays natal, il s'y était rendu acquéreur d'une petite propriété mitoyenne avec la nôtre, et c'est là qu'il vivait au milieu de ses auteurs favoris, écrivains militaires pour la plupart, faisant alterner le travail et l'étude avec de grandes courses dans la campagne, à moins que sa santé très éprouvée ne le clouât sur son fauteuil. A des douleurs rhumatismales, dont l'origine remontait aux nuits glaciales passées dans la tranchée devant Sébastopol, il joignait une agitation nerveuse qui se traduisait par des crises très irrégulièrement espacées dont la fréquence et l'intensité atteignaient leur maximum à certaines époques de l'année, notamment dans les derniers jours du mois d'août. Pour calmer ses souffrances, il employait à haute dose les narcotiques les plus puissants et principalement les piqûres de morphine. L'abus de ces anesthésiques déterminait parfois chez lui, par un effet qui pour être assez rare a été néanmoins, paraît-il, constaté à plus d'une reprise, une surexcitation cérébrale sous l'empire de laquelle il lui arrivait de parler avec une animation extrême, sans avoir la conscience bien nette et bien exacte de ce qu'il disait.

M'étant rendu chez lui ainsi qu'il m'y avait invité, je le trouvai assis dans son grand fauteuil, l'air sombre et préoccupé. Le feu qui brillait dans ses yeux, la coloration ardente de ses joues, sa voix brève et saccadée, tout me témoignait, alors même que je n'eusse pas vu la fiole de morphine posée près de lui sur la table et encore débouchée, qu'il subissait une de ces crises auxquelles il était sujet, mais que l'électricité, qui ce soir-là saturait l'atmosphère, semblait avoir développée plus que les précédentes.

J'étais resté hésitant sur le seuil de la pièce. A la fin ses regards tombèrent sur moi.

« Entrez, mon jeune ami, me dit-il. Asseyez-vous là et écoutez le récit de ce qui s'est passé, il y a seize ans, à pareil jour et à pareille heure....

— Quel jour du mois sommes-nous donc? m'écriai-je étourdiment et sans me donner la peine de calculer.

— Le 31 août », répondit-il d'une voix grave.

Puis il reprit après un temps d'arrêt :

« L'armée de Châlons était venue se masser sur les hauteurs qui dominent à l'est la ville de Sedan. Les dernières troupes du 1er corps défilaient encore dans l'obscurité sur les routes étroites qui traversent la Givonne et ne devaient gagner que vers onze heures du soir les emplacements qui leur avaient été assignés.

« A l'intérieur de la ville, le trouble et le

désordre régnaient déjà. Des détachements traversaient, cherchant leur corps d'armée et demandant leur chemin. Des voitures dételées obstruaient les principales rues, les chevaux attachés au timon, les conducteurs étendus sur les caissons et dormant enveloppés dans leurs manteaux. Le long des murs, des feux à moitié éteints se consumaient sous les marmites de fer-blanc, et avant même que la viande, tardivement distribuée, fût entièrement cuite, la soupe était partagée avec des bruits de gamelles entre-heurtées. Des isolés, des traînards, appartenant pour la plupart au 5ᵉ corps d'armée que le combat de Beaumont livré la veille avait profondément désorganisé, erraient à l'aventure, en quête d'un gîte et d'une pitance, peu pressés de regagner leurs régiments respectifs.

« Du côté du sud, une lueur vive empourprait le ciel ; une trentaine de maisons du village de Bazeilles auxquelles avaient mis le feu dans la journée les obus bavarois lancés de l'autre côté de la Meuse, achevaient de brûler.

16

Si le regard se portait vers le plateau occupé par nos troupes, on distinguait leurs innombrables feux de bivouac qui trouaient la nuit de mille points lumineux. Il s'élevait de cet ensemble ce murmure sourd et confus que produisent les grandes agglomérations humaines, et auquel se joignait le roulement continu, sur les routes sonores, des voitures d'artillerie et du train dont les files interminables n'étaient pas encore arrivées à leur destination.

« Dans le grand salon de la sous-préfecture de Sedan, plusieurs personnes sont réunies. Un homme d'un certain âge, en uniforme de général de division, est assis devant une table ronde couverte de dépêches télégraphiques et de lettres décachetées. Ses yeux se promènent distraitement sur une carte déployée devant lui. Malgré l'impassibilité apparente sous laquelle il s'étudie à dissimuler les sentiments qui l'agitent, son regard éteint, l'air de souffrance et d'angoisse dont ses traits portent l'empreinte, tout accuse en lui une douleur morale immense, à laquelle se joignent, par surcroît d'infortune, de cruelles douleurs physiques. Absorbé par ses réflexions, il tourne machinalement entre ses doigts sa cigarette éteinte, sans songer à la rallumer. Autour de lui règne un silence religieux, à peine troublé à intervalles éloignés par des chuchotements. On parle bas comme dans la chambre d'un mourant. Deux ou trois lampes posées çà et là ne parviennent qu'imparfaitement à éclairer cette vaste pièce dont une partie demeure obscure. L'une d'elles, placée sur une console, projette sa lumière sur un buste en plâtre couronné de lauriers, lequel présente une vague ressemblance avec les traits du personnage assis près de la table.

« Cet homme, en effet, est l'empereur Napoléon III, lequel, après s'être dépouillé volontairement du commandement de l'armée et l'avoir remis aux mains des maréchaux de Mac-Mahon et Bazaine, est venu le 16 août rejoindre l'armée en formation au camp de

Châlons, courant ainsi au-devant des destinées lamentables qui l'attendent.

« Derrière lui, se tiennent debout et appuyés à la cheminée deux officiers généraux, que leur pantalon écarlate à bande d'or fait reconnaître pour des aides de camp de l'Empereur. L'un d'eux, haut de taille, le front dénudé et fuyant en arrière, le nez en bec d'aigle, le masque froid, la bouche railleuse. Nul ne lira dans son regard ou sur sa physionomie autre chose que ce qu'il veut y laisser lire. C'est le général Castelnau.

« L'autre, blond, la moustache tombante, le teint pâle, l'œil bleu et triste. C'est le prince de la Moskowa, le fils du grand Ney, du brave des braves. En ce moment, il regrette sans doute de ne pas être à la tête d'une division de cavalerie, de ne pas avoir d'escadrons à enlever dans une charge furieuse aux cris répétés de : Vive l'Empereur! Il est mort depuis, mais pas sur un champ de bataille. Ces fins glorieuses ne sont réservées qu'à un certain nombre d'élus.

« Dans un coin obscur du salon, plusieurs officiers d'ordonnance forment un groupe immobile et silencieux. Assis devant une petite table, un homme jeune, à la figure ouverte et avenante, le visage encadré d'une épaisse barbe noire, écrit avec rapidité. C'est Franceschini Pietri, le secrétaire particulier de l'Empereur. A côté de lui s'entassent les lettres et les dépêches dont il a couvert les marges de ses annotations.

« Des pas se font entendre dans la pièce voisine. Un officier entre et vient parler bas à l'Empereur, qui fait un signe d'acquiescement. La porte s'ouvre à deux battants et donne passage à une dizaine d'officiers généraux qui entrent, en s'inclinant devant le souverain.

« A leur tête s'avance le maréchal de Mac-Mahon, le commandant en chef de l'armée qui va jouer cette suprême partie sur les bords de la Meuse. Le vainqueur heureux de Malakof et de Magenta n'a rien perdu de ce sang-froid à toute épreuve qui le caractérise.

Il est de ceux que les revers sont impuissants à ébranler. D'une correction aussi irréprochable dans sa tenue que s'il était sur un champ de manœuvres, il ne laisse rien paraître sur son visage calme, presque souriant, des inquiétudes que pourrait légitimement faire naître en lui, dans d'aussi graves circonstances, la responsabilité qui lui incombe. Homme de devoir avant tout, il fera tout ce que son devoir lui commande de faire, froidement, posément, sans jamais connaître la défaillance.

« Derrière lui, paraît le commandant du 1er corps d'armée, le général Ducrot, la plus belle tête militaire qui se puisse voir, le type du loyal et valeureux soldat. C'est l'homme aux sentiments vifs, mais toujours élevés, aux ardeurs généreuses dont il est parfois impuissant à modérer l'expression, mais qui procèdent toujours d'un patriotisme sans bornes. Aimer et servir son pays avec le dévouement le plus absolu, s'ingénier à lui prouver son attachement par tous les moyens qu'il eut à sa disposition, tel fut en effet le côté saillant de ce grand caractère qui sut s'imposer à l'estime de tous, même à celle de ses adversaires politiques. En le perdant, la France a perdu un de ses meilleurs serviteurs.

« L'œil droit et franc, la figure énergique et bienveillante à la fois, la barbe qu'il porte entière` et les cheveux grisonnant à peine, il se montre vêtu par suite des hasards de la campagne d'une sorte de vareuse, sur les manches de laquelle on a rapporté quelques galons, et d'un pantalon enfoui dans de hautes bottes de cuir fauve. Tel qu'il est, avec cette tenue irrégulière, il attire et charme le regard par sa mine haute et fière.

« A ses côtés s'avance le général Félix Douay, le commandant du 7ᵉ corps. Encore une belle figure militaire! Encore un vaillant soldat destiné à disparaître, emporté par l'inexorable maladie! Grand, élancé, la chevelure grise taillée en brosse, la barbe presque noire, les sourcils épais, il entre, la démarche assurée, le buste serré dans un étroit dolman à brandebourgs. Tel il était quand il occupait et défendait la gorge de Malakof à la tête du 2ᵉ Voltigeurs, quand plus tard il combattait intrépidement sous les murs de Puebla, tel il est encore aujourd'hui.

« Derrière, vient un général, de haute taille, à la figure sévère, presque dure. C'est le général de Wimpfen, arrivé la veille seulement à l'armée et qui a pris dans la journée le commandement du 5ᵉ corps en remplacement du général de Failly. Ce dernier est poursuivi depuis l'ouverture de la campagne par la malchance. Ses troupes, désorganisées à leur départ de Bitche par une marche précipitée, se sont, dans la journée du 30, laissé surprendre par l'ennemi à Beaumont et ont subi des pertes cruelles. Leur chef, qui s'était montré si brillant à Traktir, qui plus tard commanda, non sans distinction, une division à l'armée d'Italie, ne s'était plus retrouvé lui-même en face de la fortune contraire. Habitué aux succès, l'adversité l'avait étonné et déconcerté.

« Le général Lebrun paraît ensuite. De taille petite, la physionomie fine et intelligente, le regard inquiet et scrutateur sans cesse en mouvement derrière le verre de ses lunettes, il sait, avec sa voix claire, sa parole saccadée et précipitée, faire écouter et prévaloir son avis dans les conseils. C'est l'homme de science, le travailleur poussant l'esprit d'observation jusqu'à une recherche excessive du détail. C'est avant tout le serviteur consciencieux et désintéressé de son souverain et de son pays. Le 12e corps qu'il commande, comprend la belle division d'infanterie de marine qui, dans la journée même, s'est mesurée pour la première fois avec l'ennemi et a préludé à ses vaillantes prouesses du lendemain.

« Derrière les chefs des corps d'armée viennent les deux commandants de l'artillerie et du génie. Le premier, le général Forgeot, petit et gros, plein de bonhomie et d'activité; le deuxième, le général Dejean, qui dans les derniers temps suppléait au cabinet de la rue

Saint-Dominique le maréchal Lebœuf, alors que ce dernier, qui, par l'attitude digne et réservée qu'il a conservée depuis cette époque néfaste, a su, malgré ses fautes et ses erreurs, s'imposer au respect de tous, croyait dans un accès d'étonnante et superbe présomption pouvoir joindre aux fonctions de Ministre de la Guerre celles de Major-général de l'armée.

« Enfin venaient les chefs d'État-major des commandants de corps. J'étais du nombre. C'est à ce titre que j'ai assisté à la scène que je vais décrire.

« Prenez place, messieurs », dit l'Empereur, en désignant de la main les sièges disposés autour de la table.

« Monsieur le Maréchal, poursuivit le souverain quand chacun fut assis, j'estime que les circonstances sont graves et que nous touchons à une heure décisive. Resté étranger jusqu'ici, comme je m'en suis imposé le devoir, à la direction des opérations militaires dont vous seul avez la charge, je n'ai pas l'intention aujourd'hui de me départir de cette réserve. Je vous prie seulement de me faire connaître quelle est selon vous la situation actuelle et quelles dispositions vous avez adoptées en vue de faire face aux éventualités qui se présentent, éventualités auxquelles, avec l'aide de Dieu et grâce à la vaillance de l'armée, j'espère encore que nous serons en état de faire face. »

« L'Empereur, qui avait dû faire un effort pour parler aussi longuement, se tut après avoir prononcé d'une voix lente et sourde ces paroles qui accusaient chez lui plus de résignation et de noblesse de sentiment que de conviction.

« Sire, répondit le maréchal de Mac-Mahon, je ne prétends pas que la situation soit bonne, mais je suis loin de la considérer comme désespérée. L'armée que j'ai l'honneur de commander présente encore, malgré ses pertes, un effectif imposant. Dans le nombre se trouvent, il est vrai, des troupes qui sont jeunes et n'ont jamais vu le feu. D'autres ont été ébranlées par les rencontres antérieures avec l'ennemi, et il serait imprudent peut-être de trop compter sur elles. Mais il en est d'excellentes et en lesquelles on peut avoir pleine confiance. Nous occupons de bonnes positions. Dans ces conditions, nous pouvons lutter avec avantage, et je ne désespère pas de rendre l'Empereur témoin d'une victoire. »

« Le visage du souverain s'éclaira d'un pâle sourire à la pensée de ce succès dont le Maréchal lui faisait entrevoir la possibilité. Ses yeux tombèrent par hasard, en cet instant, sur son effigie couronnée des lauriers du triomphateur qui lui faisait face, et il demeura silencieux, le front appuyé sur sa main, le regard voilé et comme perdu dans l'espace.

« Il revoyait sans doute en son esprit cette autre époque plus vieille de onze ans, où la victoire lui prodiguait ses faveurs, le traitant en enfant gâté, et où la Lombardie, ivre de joie et d'enthousiasme, se jetait au-devant de son cheval, les mains pleines de fleurs et de couronnes, ne sachant comment lui témoigner sa reconnaissance et son admiration! Cruel con-

traste! Déchu de son prestige, sans commandement, n'osant pas retourner à Paris où sa
rentrée eût été le signal de l'émeute, presque
fugitif au cœur même de son Empire, il est
venu chercher un asile auprès de cette armée
affaiblie et découragée, sans laquelle celui qui
fut pendant quinze ans l'arbitre tout-puissant
et incontesté des destinées de l'Europe, ne saurait où abriter sa tête!

« Sortant à la fin de ses douloureuses
réflexions, il reprit :

« Vous ferez, mon cher Maréchal, j'en suis
certain, tout ce qu'il faut pour cela. Je vous
prie de me faire connaître quelles sont vos
intentions pour l'avenir, et si vous avez arrêté
un plan d'opérations.

« — Sire, répondit le duc de Magenta, je
n'ai pas de plan bien arrêté. Ce que je ferai
est subordonné aux événements. L'Empereur
sait pour quelle cause j'ai dû, à Reims,
renoncer à me porter sous les murs de Paris,
comme j'en avais l'intention. J'ai dû en conséquence chercher à gagner Montmédy pour

donner la main à Bazaine qui, par le télé-
gramme que j'ai reçu de lui à ce même
moment, m'annonçait persister dans son projet
de se retirer par les places du Nord. Les circonstances étaient assez favorables. Les Allemands semblaient avoir perdu notre trace, et
le Prince Royal de Prusse marchait sur **Paris**,
croyant nous suivre. Ce n'est que quelques
jours plus tard qu'il s'aperçut de son erreur
et rebroussa chemin pour nous rejoindre.
Diverses causes ne permirent malheureusement pas à l'armée de marcher aussi rapidement que cela eût été nécessaire. Le 26, le
7e corps prenait à **Grand-Pré** le contact avec
l'ennemi, mais ce n'était pas avec les troupes
du Prince Royal. Douay m'apprenait que les
détachements qu'il avait en face de lui devaient
appartenir à des troupes saxonnes récemment
parties de **Metz**, soit pour renforcer le **Prince
Royal de Prusse**, soit pour nous barrer le
passage de la Meuse. A ce moment mes corps
d'armée étaient assez concentrés. J'aurais pu
peut-être me rabattre vers la droite, tomber

sur les Saxons et les écraser, puis profiter de deux ou trois jours d'avance que j'avais sur le Prince Royal pour franchir la Meuse, arriver à toute vitesse sur Metz et prendre les assiégeants à revers. J'en ai eu la pensée. Peut-être dois-je regretter de ne pas l'avoir tenté. Il se trouva par malheur que la division de cavalerie Margueritte qui, placée à mon aile droite, m'eût rendu les plus grands services en m'éclairant, était à ma gauche où sa présence restait inutile. Quoi qu'il en soit, en apprenant que de nouvelles forces se disposaient à me disputer le passage, je jugeai plus prudent de reprendre la marche sur Paris, et, le 27, je donnai en conséquence l'ordre de se porter vers Mézières. Les deux dépêches que j'ai reçues du Ministre de la Guerre dans la nuit du 27 au 28, m'en ont détourné, comme l'Empereur le sait, et je dus à contre-cœur reprendre la direction de Montmédy. Mais un temps précieux avait été perdu.

« L'ennemi, à dater de ce moment, n'a pas cessé de nous harceler. Le 28 et le 29, le

5ᵉ corps avait divers petits engagements qui retardaient sa marche. Craignant qu'il ne fût plus libre de traverser la Meuse à Stenay, comme je le lui avais prescrit, je lui ordonnai de se rabattre sur le nord et de passer la rivière à Mouzon. Malheureusement, le capitaine d'État-major qui lui portait mes ordres fut enlevé par une patrouille ennemie. Prévenu trop tard, de Failly n'a pu franchir la Meuse aussi rapidement qu'il l'eût fallu. Le 30, il se laissait surprendre à Beaumont, subissait des pertes sérieuses et se retirait en désordre. Le même jour, Douay avait quelques engagements à la suite desquels il opérait sa retraite et réussissait à gagner Sedan, mais non sans avoir été un peu ébranlé. Dans ces conditions, poursuivre ma marche dans la direction de l'est, avec l'ennemi en queue et en flanc, n'était plus possible. J'ai donc rappelé le 1ᵉʳ corps qui était déjà parvenu à Carignan, à une journée de Montmédy, et j'ai pris position à Sedan. *Là mes troupes se reformeront, se reposeront et se ravitailleront en vivres et en munitions. Je ne crois pas que nous soyons attaqués demain. D'après ce que fera l'ennemi, nous agirons. Ou nous reprendrons notre marche vers l'est, ou, ce qui est plus probable, nous nous porterons sur Mézières*[1]. Nous y retrouverons Vinoy, mon vieux compagnon d'armes, duquel je réponds. Qui sait?... D'ici là, peut-être, Bazaine aura réussi à nous rejoindre, s'il n'a pas abandonné son idée de gagner les places du nord, ainsi que semble le prouver la dépêche que l'Empereur a reçue hier en chemin de fer, et surtout s'il parvient à la mettre à exécution. Dans tous les cas, nous établir dans une bonne position qui nous permît de résister avantageusement à une attaque de l'ennemi, laisser les troupes prendre un peu de repos et de là nous porter sur Paris ou sur Metz, suivant ce que commanderont les circonstances : telle était la seule chose à faire et c'est le parti auquel je me suis arrêté.

---

1. *La Guerre Franco-Allemande*, par le Grand État-Major Prussien, p. 1087. Déposition du maréchal de Mac-Mahon dans l'enquête parlementaire.

« — Je crois comme vous, mon cher Maréchal, que c'était le seul parti à prendre, reprit l'Empereur. Je vous prie maintenant de me faire connaître quelles dispositions vous avez adoptées en vue de livrer cette bataille défensive et comment vous avez réparti vos troupes.

« — Si l'Empereur veut bien regarder la carte étendue devant lui, il verra que la Meuse coule à peu près du sud-est au nord-ouest en traversant Sedan. Près du village de Bazeilles, à quatre kilomètres au sud de Sedan, un ruisseau profondément encaissé, que l'on nomme la Givonne, vient se jeter dans la Meuse, coulant du nord au sud et formant avec cette rivière un angle aigu. C'est dans l'intérieur de cet angle que l'armée a pris position. Le saillant de cette sorte de redan, c'est-à-dire Bazeilles, est occupé par le 12ᵉ corps qui se prolonge le long de la Givonne jusqu'à Daigny, où il se relie à la droite du 1ᵉʳ corps. Celui-ci garnit les bords de ce même ravin, de Daigny au village de Givonne, faisant face à l'est. C'est ce côté qui est le plus exposé aux attaques de l'ennemi. L'autre flanc de la position est couvert par la Meuse et la ville de Sedan. Celle-ci avec ses fortifications, si imparfaites qu'elles soient, suffirait pour tenir l'ennemi en respect, s'il voulait nous forcer de ce côté. Pour éviter d'être tourné et faire face aux attaques dans toutes les directions, j'ai fermé cet angle avec le 7ᵉ corps qui s'étend de Floing sur les bords de la Meuse au calvaire d'Illy, situé en arrière de la gauche du 1ᵉʳ corps. Les troupes du 7ᵉ corps font face au nord et à la frontière belge. Quant au 5ᵉ corps, vu son état d'épuisement, je l'ai placé sous les murs de Sedan, en arrière du corps de Douay. Les deux divisions de cavalerie Margueritte et Bonnemain occupent le calvaire d'Illy et ses abords, reliant la droite du 7ᵉ corps à la gauche du 1ᵉʳ. Tel est, Sire, l'ensemble des dispositions que j'ai arrêtées. Nos positions sont fortes et je ne serais pas étonné que l'ennemi y regardât à deux fois avant de nous attaquer. J'ai près de cent mille hommes bien établis; si les renseignements que j'ai reçus sont exacts, *nous n'avons devant nous que soixante à soixante-dix mille hommes au plus. Nous pouvons les attendre hardiment. S'ils nous attaquent, eh bien! tant mieux! J'espère bien que nous les jetterons dans la Meuse*[1].

« — Le Ciel vous entende! mon cher Maréchal », reprit l'Empereur, qui ne semblait guère partager les illusions dont se berçait le duc de Magenta.

« Messieurs, ajouta-t-il, en s'adressant aux commandants de corps d'armée qui avaient écouté en silence les explications fournies par le commandant en chef, je vous ai fait venir pour vous remercier, en mon nom et au nom de l'Impératrice-régente, des efforts que vous avez déjà faits, de ceux que vous ferez encore. Je sais ce que je puis attendre de vous tous; de vous, général Ducrot, qui, de votre commandement de Strasbourg, avez le premier jeté un cri d'alarme que l'on n'a malheureusement pas assez écouté; de vous, général

---

1. *Bazeilles-Sedan*, par le général Lebrun, p. 74.

Wimpfen, dont les bons services sont connus de moi depuis longtemps; de vous, Douay, mon aide de camp; de vous, Lebrun, aux conseils duquel je n'ai jamais recouru sans m'en être bien trouvé. Le succès jusqu'ici n'a pas couronné nos entreprises. Je n'estime pas qu'il y ait lieu de perdre tout espoir. Il n'a pas dépendu de moi que, conformément aux intentions du Maréchal, l'armée ne fût ramenée sous les murs de Paris. Si, dans le but de préserver ma dynastie du danger d'une révolution, ce projet a dû être écarté, je suis resté étranger à la décision qui a dicté cette détermination. L'intérêt de la France doit primer à mes yeux toute autre considération. *J'aurais pu aujourd'hui gagner Mézières et de là, à la tête du XIIIe corps, rétrograder sur Paris. Je ne l'ai pas voulu. Je ne veux pas porter le découragement dans l'armée par mon départ à l'heure suprême de la lutte. J'entends partager les dangers et le sort de l'armée*[1].

1. *Relation de la bataille de Sedan*, par le général Pajol.

« Au revoir, messieurs! Si nous devons combattre demain, vous me trouverez au milieu de vous, non en souverain, mais en soldat. »

« Tout le monde s'était levé et se disposait à se retirer. A ce moment d'un des coins du salon perdu dans l'ombre, une voix s'éleva disant avec l'accent de la prière : « Sire! Sire! pardon! »

« Tous les regards se tournèrent de ce côté.

« On vit alors un officier se détacher du groupe des personnes qui l'entouraient et s'avancer jusqu'à la table. La lumière l'éclaira en plein et chacun reconnut le commandant.... » (Ici la voix du colonel devint moins distincte, et le nom qu'il prononça m'échappa.) « Ce jeune officier supérieur appartenait à l'arme de la cavalerie. Ses brillantes facultés militaires et son intelligence hors ligne lui avaient valu de recevoir l'épaulette de chef d'escadrons à un âge auquel cet avancement est rarement obtenu, et d'être désigné pour servir en qualité d'officier d'ordonnance auprès de l'Empereur, qui l'honorait d'une affection particulière. Sa figure loyale et ouverte lui gagnait à première vue les sympathies de chacun. En ce moment, il était très pâle, mais semblait mû par une détermination énergique.

« — Sire, continua-t-il, je supplie l'Empereur de m'écouter. Je n'ignore point combien ce que je fais actuellement est contraire aux règles de la discipline ; je ne me dissimule pas quelles sont les conséquences de l'acte que je vais commettre. Il y va pour moi du Conseil de guerre. Je le sais ; et, loin de m'y soustraire, je serai le premier à le réclamer. Mais il faut que ma conviction soit bien puissante pour me faire manquer ainsi à mes devoirs. Sire ! Je vous en conjure ! : Écoutez-moi ! »

« Un étonnement profond s'était emparé des assistants. Tous les yeux étaient fixés avec curiosité sur la figure résolue du jeune officier. Chacun pressentait que ce qui allait se passer n'était pas ordinaire.

« L'Empereur, après un moment d'hésitation, se rassit et fit signe au commandant qu'il était disposé à l'écouter.

« — Sire, nous touchons à la plus épouvantable des catastrophes. Nous serons attaqués demain matin au point du jour, il faut se garder d'en douter. Laisser à nos troupes fatiguées et ébranlées un jour de repos, serait de la part des Allemands une faute ; ils ne la commettront pas. Quant à leur force, ce n'est pas 70 000 hommes que nous avons en face de nous, c'est peut-être trois fois autant. L'armée du Prince Royal qui nous suit depuis Châlons n'est pas la même que celle contre laquelle le 5ᵉ corps a eu à lutter sur les bords de la Meuse. Il y a deux armées en face de nous. On assure que le roi de Prusse est avec l'une, ce qui doit faire supposer qu'elle présente un effectif imposant. Au reste, ce n'est point avec des forces restreintes que le Prince Royal se serait risqué à marcher sur Paris à notre suite. Que chacune des deux armées ennemies compte au moins 100 000 hommes, cela n'aurait rien qui dût étonner. C'est à ce chiffre que des habitants de Vouziers ont évalué la force d'une de ces deux armées qui occupait récemment les environs de cette ville[1]. Nous avons donc contre nous le nombre, sans parler de cet ascendant moral que donne la victoire. Nous sommes perdus si nous ne compensons ces désavantages par des positions aussi bonnes que possible. Or, ces positions, Sire, nous ne les avons pas. Pardonnez-moi, monsieur le Maréchal, vous sous les ordres duquel j'ai débuté en Crimée, vous pour qui je professe un respect sans bornes. Enfant de ce pays, je connais à fond les environs de Sedan pour avoir été élevé dans cette ville jusqu'à l'âge de seize ans et être venu à deux reprises y tenir garnison. Dans mes longues promenades à cheval à travers la campagne, il n'est pas un ravin, pas un pli de terrain que je n'aie exploré, pas un sentier que je n'aie suivi, pas un relief du sol qui ne me soit familier. C'est cette connaissance

1. *Le 7ᵉ Corps de l'armée du Rhin*, par le prince Georges Bibesco, p. 59.

approfondie du pays que nul ne peut posséder à un égal degré, et non une folle et ridicule présomption bien loin, Sire, de ma pensée, qui m'inspire la résolution à laquelle je cède en élevant ainsi la voix au mépris de la discipline et des convenances les plus élémentaires. »

« L'étonnement des généraux n'avait fait que s'accroître. L'un d'eux, le général de Wimpfen, commençait même à manifester une certaine impatience.

« Parbleu! grommelait-il, à mi-voix, mais assez haut pour être entendu de tous, je ne m'attendais pas en arrivant à l'armée à y recevoir une leçon d'art militaire d'un chef d'escadron.

« — Laissez parler le commandant, messieurs, dit froidement le Maréchal, si toutefois l'Empereur le permet. Sa connaissance du pays peut nous être très utile. »

« L'Empereur fit un signe d'acquiescement.

« Sire, reprit le jeune officier d'une voix presque suppliante, Sire, je suis au déses-

poir, et ma position est vraiment pénible...
Mais je dois tout dire.... Je crois, je suis
convaincu que le combat livré dans les positions actuellement occupées par l'armée aura
des suites désastreuses. Il ne peut en avoir
d'autres. Nos troupes garnissent les trois
côtés d'un triangle étroit et allongé, se tournant le dos les unes aux autres. Suivant son
habitude, l'ennemi qui dispose d'une artillerie
nombreuse, très supérieure à la nôtre comme
portée et comme puissance, mettra en ligne,
dès le début, toutes ses batteries et couvrira
de ses obus le terrain que nous occupons.
Sous l'action de ce tir convergent, nos troupes,
en raison de leur situation, seront prises à la
fois de face et à revers. Elles verront les projectiles arriver de tous les points de l'horizon.
Des troupes qui n'auraient pas été déjà ébranlées par des insuccès antérieurs seraient hors
d'état peut-être de résister aux effets démora-
lisants d'un semblable feu. Qu'adviendra-t-il
en pareil cas des nôtres? Quant au 7ᵉ corps,
je vous en demande encore humblement

pardon, monsieur le Maréchal, mais n'est-il pas présumable qu'une erreur s'est glissée dans les ordres qui lui ont prescrit de se porter sur les emplacements qu'il occupe actuellement? Comment! il fait face à la frontière belge, tournant le dos aux positions occupées en ce moment par l'ennemi! Si c'est avec intention qu'il lui a été prescrit de se placer de la sorte, ce ne peut être qu'une prévision d'un mouvement tournant de la part des Allemands et pour être à même d'y faire face.

« — Probablement, interrompit d'un ton sec le général Douay. Croyez-vous qu'ils s'en feront faute?

« — Non, mon général, loin de là! Ce mouvement n'est que trop probable.... Tout semble l'indiquer.... D'un côté, l'ennemi s'est déjà emparé du pont de Donchery sur la Meuse, ce qui annonce son intention de nous tourner au nord-ouest. D'autre part les patrouilles du général de Margueritte ont signalé la marche de détachements prussiens dans la direction de Pouru-aux-Bois, ce qui prouve qu'il compte

également nous déborder au nord-est. Qu'il
veuille nous envelopper entièrement et que
ses deux ailes cherchent à se réunir au nord,
cela ne saurait donc être douteux; mais s'il y
réussit, le 7ᵉ corps, si bien commandé qu'il
soit, quelque valeur qu'il déploie, sera impuissant à nous sauver. Ce qu'il faut, ce n'est pas
faire face au mouvement tournant, quand il
aura été exécuté, c'est l'empêcher à tout prix.
Sinon, il sera trop tard et la résistance sera
devenue impossible. »

« Le général Douay ne parut pas complètement convaincu; toutefois, il ne répliqua rien.

« Enfin, Sire, la situation de Sedan, au
milieu des positions occupées par notre armée,
loin de constituer un point d'appui, sera une
cause puissante de démoralisation et d'affai-
blissement. Cernés de toutes parts, écrasés
sous une pluie de projectiles, nos soldats, à
la suite d'une résistance plus ou moins longue,
qui sur certains points même, pourra être
héroïque, je n'en doute pas, seront attirés
malgré eux vers cette place, derrière les rem-

parts de laquelle ils penseront trouver un abri.

« Cette attraction sera fatale, inévitable. L'armée tout entière s'engouffrera dans Sedan. Entassée dans cette petite place mal armée, mal approvisionnée et dominée de toutes parts, confondue dans un épouvantable désordre, elle sera condamnée à l'impuissance la plus complète et se trouvera à la merci de l'ennemi. Sire! cela arrivera! L'armée est perdue, l'Empereur est perdu, si la bataille se livre dans les positions que nous occupons actuellement!... »

En ce moment, mon vieux voisin s'arrêta et cessa de parler. La contraction de ses traits, la sueur qui couvrait son front, témoignaient de la passion qu'il apportait dans son récit, et de l'émotion violente qu'il éprouvait à faire revivre sous mes yeux ces cruels souvenirs. Moi-même en l'écoutant, en voyant se dérouler devant moi cette page sinistre de notre histoire, je me sentais envahi par un intérêt poignant et douloureux.

Au dehors, l'orage s'approchait. Le tonnerre faisait entendre ses grondements dont l'intensité augmentait graduellement. L'atmosphère, chargée d'électricité et que nul courant d'air ne traversait, était d'une pesanteur de plomb. Une chauve-souris, attirée par la lueur de la lampe, entrait de temps à autre par une des fenêtres ouvertes, et décrivait dans la pièce des zigzags capricieux, rasant le plafond de ses ailes silencieuses. A un éclat de la foudre plus violent que les autres, elle prit peur, partit et ne reparut plus.

Après être resté quelques minutes la tête enfermée dans ses mains, le colonel se redressa et reprit sa narration à haute voix, mais comme se parlant à lui-même, sans me regarder, sans paraître même s'apercevoir de ma présence :

« Une assez vive agitation s'était produite parmi les assistants, à la suite des dernières paroles prononcées par le commandant. L'impatience manifestée par plusieurs d'entre eux dès le début n'avait pas diminué. Chez d'autres, au contraire, elle faisait place par degrés à une certaine curiosité. Au reste, l'envie leur fût-elle venue de lever la séance, le respect dû à l'Empereur, le sang-froid et la réserve dont le Maréchal leur donnait l'exemple, leur eussent interdit d'en rien faire. Après un colloque assez animé tenu à voix basse, tous parurent prendre leur parti de cette situation étrange et se disposer à écouter patiemment ce qu'ils pouvaient avoir encore à entendre.

« L'Empereur, dès que le calme se fut rétabli, se tourna vers le commandant et lui dit lentement en le regardant :

« Que penseriez-vous donc que l'on dût faire?

« — Sire, reprit le jeune officier, heureux de l'encouragement qu'il venait de recevoir, je crois, je suis convaincu que l'on peut tirer un meilleur parti de la situation que les circonstances nous ont faite. On a parlé d'une retraite sur Mézières. Elle serait certainement possible cette nuit. Elle le sera sans doute encore demain matin au point du jour. Mais dans quelles conditions s'opérerait-elle? On ne peut espérer la dissimuler à l'ennemi, dont les avant-postes, sur certains points, se confondent presque avec les nôtres! Pense-t-on que l'armée puisse, quelque diligence qu'elle fasse, parcourir les 20 kilomètres qui la séparent de Mézières sans être rejointe et attaquée en route? Elle le sera, dût-elle abandonner ses parcs d'artillerie, ses bagages, ses convois d'administration, ce qui serait déjà la priver de ses moyens d'action pour l'avenir. Elle sera assaillie en queue, elle le sera en flanc; car l'ennemi, déjà maître du pont de Donchery, doit l'être également, ou le deviendra quand il le voudra, des ponts de Nouvion et de Lumes, puisque l'ordre a été donné dans la journée au général Vinoy de faire rentrer et de concentrer dans Mézières les détachements qu'il avait envoyés dans la direction de Flize. N'est-il pas à craindre que, dans ces conditions, la marche sur Mézières ne se transforme en une épouvantable déroute?

18

« — Une déroute? interrompit le général de Wimpfen en frappant du poing sur la table.

« — Je puis me tromper, reprit respectueusement le commandant, je le désire ardemment…. Mais, l'armée réussit-elle à atteindre Mézières sans être entamée, en quoi la situation serait-elle améliorée? C'est folie de penser que l'ennemi nous laissera tranquillement gagner Paris. Il faudra toujours finir par livrer bataille un jour ou l'autre, soit autour de Mézières, soit plus loin. Plus ce jour tardera, plus l'armée sera ébranlée par le désordre inséparable de toute marche en arrière, par le harcellement incessant de l'ennemi, et plus les conditions de la lutte seront mauvaises. Il faut donc accepter franchement la bataille, Sire; et le plus tôt sera le mieux. Mais, au moins, faut-il le faire en mettant de notre côté le plus de chances de succès qu'il sera possible. Or, en explorant les environs de Sedan, j'ai eu occasion d'y relever une position défensive laquelle ne présente aucun des inconvénients que j'ai pris la liberté de signaler dans celle que nous occupons en ce moment. Peut-être même aurait-on quelque peine à en trouver dans un rayon étendu l'équivalent. C'est pour faire connaître cette position à Votre Majesté que j'ai eu la témérité d'élever la voix. Je suis prêt à continuer ou à me taire suivant l'ordre que je recevrai. »

« Les commandants de corps d'armée étaient tous devenus extrêmement attentifs. Ils commençaient à reconnaître que l'intervention du jeune officier, quelque anormale qu'elle leur eût semblé avec raison au premier abord, pouvait être de quelque utilité.

« Parlez, murmura l'Empereur.

« — Sire, reprit le commandant avec feu, voyez sur la carte cette ligne de hauteurs boisées qui s'étend au nord de Sedan, et sur laquelle sont situés les villages de Saint-Menges et de Fleigneux. Que l'on suppose l'armée établie en arc de cercle sur ces positions, tournant le dos à la frontière, et faisant face au sud; sa droite appuyée à la ferme du Champ de la Grange sur une croupe qui descend jusqu'à la boucle de la Meuse, et se prolongeant dans la direction du nord-ouest jusqu'à la petite rivière la Vrigne ; son centre au-dessus du village de Saint-Menges ; sa gauche à Fleigneux et s'étendant le long du ravin de la Givonne dans le bois d'Illy. Ne semble-t-il pas qu'elle pourrait dans ces conditions opposer une longue résistance aux entreprises de l'ennemi? La place de Sedan, qui était un danger tout à l'heure, devient une aide puissante. Balayant de ses feux le plateau de la Garenne, elle rend une attaque de front impossible, ou du moins extrêmement dangereuse pour l'ennemi. Nous pouvons, il est vrai, être attaqués sur nos deux flancs ; mais, par suite de la configuration du terrain, ce ne pourront être que deux attaques isolées, hors d'état de se relier l'une à l'autre et de s'appuyer mutuellement. Grâce à la frontière à laquelle nous nous adossons, le danger d'être enveloppé n'existe plus. Enfin les hauteurs que nous occupons, loin d'être dominées, deviennent dominantes à leur tour, et l'infériorité de notre artillerie peut jusqu'à un certain point s'en trouver compensée. »

« Depuis quelques instants, le général Ducrot parlait bas à ses voisins, les généraux Douay et Lebrun, avec une extrême animation. Incapable de se maîtriser plus longtemps, il s'écria brusquement :

« Le commandant a cent fois raison! Là est le salut! C'est dans cette pensée que j'avais dirigé dans la journée mon corps d'armée sur Illy, comptant trouver toute l'armée installée entre Illy, Floing, Saint-Menges et Fleigneux, admirable position dont il eût été difficile de nous déloger et qui, en cas de retraite, nous maintenait la possession de la route de Mézières[1]. Ces mêmes hauteurs que nous devions occuper et que nous laissons libres, soyez assurés que c'est de là que l'ennemi nous canonnera, quand il aura accompli son mouvement de Capricorne et nous tiendra enveloppés de tous côtés! »

« L'Empereur fit signe au général Ducrot

1. *La Journée de Sedan*, par le général Ducrot, p. 16.

de se calmer et engagea du geste le commandant à continuer. Celui-ci, après avoir adressé à son interrupteur un regard reconnaissant, poursuivit :

« Sire, si j'avais été assez heureux pour convaincre Votre Majesté, il n'y aurait pas une minute à perdre. Les quelques heures de nuit qui nous restent avant que la fusillade s'engage, seraient à peine suffisantes pour tout ce qui est à faire. Pardon si j'insiste. Puisque l'Empereur a eu la bonté de me laisser parler jusqu'ici, je le supplie de daigner m'écouter jusqu'au bout. Je n'ai la prétention de rien apprendre à qui que ce soit. Il n'est personne ici qui ne sache mieux que moi quelles seraient les dispositions à prendre, et si je me permets de les résumer, c'est pour éviter toute hésitation et toute perte de temps. Et puis... pourquoi ne l'avouerai-je pas? du jour où j'ai vu l'armée s'approcher de Sedan, où j'ai compris que la lutte allait peut-être s'engager sur ce terrain qui m'est familier, sur cette position que je m'étais plu autrefois à relever, ne me doutant guère alors qu'elle pût un jour être utilisée, cela est devenu chez moi une obsession.... Ma pensée n'a pas cessé de retourner la question sous toutes ses faces, et c'est le résultat de longues réflexions que je viens apporter ici. »

« La conviction profonde dont l'orateur semblait animé, la netteté, la précision de ses explications, et l'appui énergique que le général Ducrot venait de lui prêter, avaient triomphé des dernières hésitations des assistants. Tous l'écoutaient avec un intérêt et une sympathie qu'ils ne cherchaient plus à dissimuler. Il le comprit, et continua, les yeux brillants d'espoir :

« Ne semble-t-il pas, Sire, à moins que je ne m'abuse étrangement, que le premier soin à prendre serait de diriger sur Mézières la presque totalité de la cavalerie? L'armée de Châlons ne comprend pas moins de cinq divisions et demie de cette arme, comptant vingt-sept régiments sur soixante dont se compose l'ensemble de la cavalerie de l'armée française. Est-il téméraire d'affirmer que cette énorme quantité d'escadrons sera plutôt nuisible qu'utile dans ce pays boisé, raviné et coupé par de nombreux obstacles? On verra ces malheureuses divisions réduites à l'impuissance, incapables de quoi que ce soit, si ce n'est peut-être d'un effort sublime et héroïque sans résultat, errer sur le champ de bataille, cherchant dans les plis du terrain un abri contre les projectiles. Supposez au contraire, Sire, une vingtaine de ces régiments gagnant Mézières avec leurs batteries à cheval. Ils y seront rendus en deux heures et y arriveront sans encombre. S'ils rencontrent, ce qui est improbable, quelques détachements allemands, ils en auront facilement raison. Ce puissant corps de cavalerie, s'il est énergiquement commandé et montre quelque audace, peut constituer dans l'avenir un danger des plus sérieux pour les lignes de communication des armées allemandes.

« En même temps, les dispositions néces-

saires seront prises pour amener les troupes
sur les emplacements nouveaux qu'elles doivent occuper. Ces emplacements une fois
déterminés sur la carte, des officiers d'État-
major de chaque corps d'armée iront, accompagnés d'habitants des villages situés au nord
de Sedan, reconnaître ces emplacements.
D'autres habitants, en nombre suffisant, gui-
deront les colonnes. Les troupes prendront
leurs positions, quitte à les rectifier quand le
jour paraîtra. L'ennemi ne pourra pas nous
attaquer sur ce nouveau terrain avant midi
au plus tôt. Au reste, dans le but de gêner et
retarder sa marche, on devra faire sauter ou
détruire immédiatement tous les ponts qui
traversent la Givonne, et surtout le pont du
chemin de fer sur la Meuse....

« — Comment? s'écria le maréchal de Mac-
Mahon en se tournant vers le général Lebrun,
je vous ai donné l'ordre aujourd'hui à cinq
heures de faire sauter ce pont. N'est-ce pas
chose déjà faite?

« — Monsieur le Maréchal, repartit le

commandant du 12ᵉ corps interpellé, je n'y comprends rien. *Sitôt vos ordres reçus, j'ai prescrit au commandant du génie du corps d'armée de prendre ses dispositions pour que l'opération fût faite dans la nuit. A huit heures, je me suis rendu à Bazeilles, pour m'assurer par moi-même que toutes les mesures nécessaires avaient été prises. Là, j'ai rencontré un officier du génie qui m'a appris que les poudres avec lesquelles on avait chargé les fourneaux de mine avaient été reconnues avariées, et qu'il se rendait à Sedan pour en chercher d'autres* [1]. Il doit être revenu actuellement; depuis plus d'une heure j'attends le bruit de l'explosion que je m'étonne de ne pas avoir encore entendu. Ce ne peut être qu'un retard sans importance, et je pense que d'ici peu....

« — Il en sera de votre pont, Lebrun, comme de ceux sur le Chiers, interrompit le général Ducrot. Mes officiers du génie, auxquels j'avais donné l'ordre de les détruire, m'ont répondu qu'ils ne savaient où étaient

1. *Bazeilles-Sedan*, par le général Lebrun, p. 88 et 89.

leurs poudres. Les ponts sont restés debout, et du haut des coteaux de Francheval, j'ai vu les avant-gardes prussiennes les franchir librement et s'en emparer.

« — Et moi, je vous réponds, mon cher Ducrot, que l'ennemi ne franchira pas la Meuse sur le pont de Bazeilles », répliqua le général Lebrun.

« Après avoir respectueusement attendu que les deux officiers généraux eussent cessé de parler, le commandant reprit :

« Sire, les ponts de la Givonne et de Bazeilles, à la Moncelle, à la Ramovie, à Daigny, à Givonne, et d'autres encore que j'omets de citer, sont en bois pour la plupart. Il suffira d'y mettre le feu. Les arbres qui garnissent le ravin de la Givonne et peuvent fournir un abri aux tireurs ennemis seront abattus en travers des routes. Mais ce qui est indispensable, c'est d'enlever à l'ennemi la possibilité de s'approcher de nos positions sans être vu. Le plateau qui s'étend au-dessus de Sedan en avant du centre de la nouvelle position devra être rasé. Le bois de la Garenne sera livré aux flammes. On devra faire de même sans hésitation des forêts qui garnissent les deux flancs de la position. A droite, le bois de la Falizette situé entre la petite rivière de ce nom et la Vrigne, le bois de Condé, le bois de Mazarin et tous ceux qui avoisinent le village de Bosséval. A gauche, tous les bois qui bordent des deux côtés la route de Bouillon, de la Givonne au ruisseau de Rubécourt : bois de Daigny, bois du Petit-Terme, les bois à proximité de la Chapelle, sans oublier les bouquets situés entre les villages de Givonne et de Villers-Cernay. L'ennemi, indépendamment des obstacles nombreux que ces abatis opposeront à sa marche, ne pourra nous attaquer qu'à découvert, tandis que nous aurons en arrière de notre front une épaisseur de trois ou quatre kilomètres de forêts, pour abriter nos réserves et nos convois.

« Un mot encore, Sire. Nos flancs pourraient être rendus presque inexpugnables avec quelques travaux. Le terrain s'y prête parfaitement. Notre aile droite s'appuierait sur une forte redoute, élevée au Champ de la Grange, position qui possède un relief considérable sur toutes les hauteurs environnantes. Cet ouvrage, protégé sur sa droite par le ruisseau de la Falizette, qui coule dans une gorge encaissée et profonde, commanderait le cours de la Meuse, ainsi que la route qui longe le pied de la montagne.

« — Il est vrai, interrompit le général Douay, que cette route, qui est d'une importance capitale et constitue un véritable défilé, n'est pas actuellement défendue. J'en suis trop loin pour pouvoir la garder efficacement.

« — Peut-être jugerait-on opportun de soutenir en arrière la redoute dont je viens de parler par un second ouvrage, élevé à mille mètres de là environ, sur la hauteur que couronne actuellement le bois de la Falizette, destiné à disparaître. Cette seconde redoute serait couverte elle-même par la rivière la Vrigne et les petits étangs qu'elle forme en cet endroit. Le système serait complété par une troisième et peut-être même par une quatrième redoute établies dans l'intervalle entre l'ouvrage précédent et la frontière. De ce côté, la défense serait de la sorte bien assurée.

« Quant au flanc gauche de la position, une redoute importante serait construite dans le bois du Petit-Terne, sur la route qui relie Olly à la Chapelle. Cet ouvrage enfilerait la vallée de la Givonne dans toute sa longueur, et croiserait ses feux avec une autre redoute élevée au calvaire d'Illy, laquelle suffirait avec le canon de Sedan pour tenir les batteries ennemies à distance des lignes occupées par nos troupes. De ce côté également, deux ouvrages situés plus en arrière combleraient la trouée laissée entre la redoute du bois du Petit-Terne et la frontière. Monsieur le général commandant le génie de l'armée ne me démentira peut-être pas si j'ose affirmer que ces divers ouvrages commencés au lever du jour peuvent, avec la quantité de troupes de génie et de travailleurs d'infanterie dont on dispose, être terminés avant midi. »

. . . . . . . . . . . . . .

« Le général Dejean fit un signe d'assentiment.

« On armera ces redoutes avec nos pièces de 12 centimètres. On en disposera également un certain nombre sur les remparts de Sedan, derrière les parapets du Vieux-Camp. Une division solide sera chargée de défendre la place. Le faubourg de Torcy sera mis en état de défense. Des mitrailleuses seront établies à l'avance en des endroits favorables d'où la vue s'étend au loin sur la campagne. On fera de même sur la ligne de bataille, et les batteries seront protégées par des épaulements. Ah! Sire, croyez-moi, l'armée ainsi établie peut tenir plusieurs jours, repousser les assauts de l'ennemi et lasser sa patience. Les vivres et les munitions ne feront pas défaut. On aura fait filer à l'avance dans les bois les convois d'administration et les parcs. Le pays est riche : le bétail abonde dans tous ces villages, sans parler de ce que l'on pourrait, au moins dans les premiers jours, tirer de la

Belgique. Et ne resterait-il pas la ressource d'abattre autant de chevaux qu'il le faudrait, ressource destinée à ne pas faire défaut de longtemps? Et qui sait si l'ennemi tenu en échec devant nos lignes, pris à revers par le 13e corps et le corps de cavalerie renvoyé à Mézières, ne se découragerait pas à son tour, si, nous concertant à cet effet avec le général Vinoy, nous ne pourrions pas essayer à la fin de prendre l'offensive, qui est si bien dans le caractère de nos soldats, et culbuter dans la Meuse et dans le Chiers une partie de nos assaillants? Dans tous les cas, l'ennemi repoussé et tenu en respect, la retraite sur Mézières pourrait être tentée avec de grandes chances de succès.

« Sire, tout cela, j'en ai la conviction, est d'une exécution possible. L'effort à faire est immense, je le reconnais. Ce qui eût été facile, commencé dans la journée, est devenu moins aisé à cette heure avancée. Mais il est à peine onze heures. Le nombre de bras dont on dispose est considérable. Les moyens d'exécution sont illimités. En une nuit et une matinée bien employées, si l'on a soin d'assigner à chacun méthodiquement sa tàche, ce que l'on peut faire est incalculable.... Si le salut, si l'honneur de la France peuvent être achetés à ce prix, peut-être trouvera-t-on qu'il n'y a pas à marchander, ni à regretter sa peine. Ah! Sire! de quelle ardeur chacun ne serait-il pas animé, des chefs aux derniers des soldats, si l'on pouvait comprendre que, grâce à ce suprême effort, des désastres irréparables pourraient être évités... qui sait même?... que la fortune qui nous a abandonnés jusqu'ici pourrait nous revenir et nous sourire encore. Une victoire, Sire! Nous qui ne supposions pas autrefois qu'une bataille pût avoir un autre dénouement, et qui, cette fois, n'avons jusqu'à ce jour connu que la défaite.... Une victoire.... Cette perspective n'est-elle pas de nature à ranimer les confiances les plus ébranlées et à réveiller les vaillances les plus endormies? Ah! que ne puis-je faire pénétrer ma conviction dans tous les cœurs!

« Il me semble qu'on verrait l'armée entière se lever, pleine d'enthousiasme et toute frémissante sous ce souffle puissant du patriotisme qui fait accomplir des prodiges!... Je m'arrête. J'ai dit tout ce que ma conscience m'ordonnait de dire. Pardon encore, Sire! Pardon, monsieur le Maréchal! Et maintenant je réclame le châtiment qui m'est dû, et je supplie l'Empereur de daigner statuer sur mon sort, en attendan t qu'un conseil de guerre soit réuni pour juger et me faire expier l'acte d'indiscipline que je viens de commettre. »

. . . . . . . . . . . . . . . .

« Et cessant de parler, il recule de quelques pas dans la direction du groupe d'officiers dont il s'était détaché. Son émotion et sa fatigue étaient telles, qu'il fût peut-être tombé si deux de ses camarades ne l'eussent soutenu dans leurs bras.

« L'Empereur se tournant vers lui le remercia du regard et, souriant tristement, lui tendit une main que le jeune officier saisit avec un respectueux empressement, en s'inclinant profondément et en comprimant à grand peine ses sanglots.

« Puis s'adressant au Maréchal :

« Que pensez-vous, monsieur le Maréchal, dit le souverain, de ce que vous venez d'entendre?

« — Sire, répondit le loyal soldat, tout ce que vient d'indiquer le commandant peut à la rigueur être exécuté. Les troupes, il est vrai, sont fatiguées. Un changement de bivouac opéré au milieu de la nuit peut entraîner quelque désordre. Toutefois, si chacun fait son devoir, les difficultés, si nombreuses et si grandes qu'elles soient, peuvent être surmontées. Que l'Empereur juge! S'il estime que les dispositions proposées soient préférables à celles que, dans ma connaissance plus imparfaite du terrain, j'avais cru devoir prescrire, je suis prêt à donner les ordres nécessaires et à assurer autant qu'il dépendra de moi leur prompte exécution. Ces messieurs, ajouta-t-il en se tournant vers les

commandants de corps d'armée qui s'incli-
nèrent silencieusement, ces messieurs pensent
comme moi, et leur dévouement est égal au
mien. Suivant ce qu'ordonnera l'Empereur,
nous agirons. »

« Le souverain laissa tomber son front sur
sa main, et tout un monde de réflexions
sembla l'envahir. Pourquoi, pensait-il sans
doute, écarter une combinaison qui rendait
incontestablement la situation meilleure? Au
moment où allait se jouer cette partie suprême
dont la grandeur militaire de la France, dont
l'existence de sa dynastie peut-être constituaient l'enjeu, que coûtait-il d'accomplir ce
dernier effort, grâce auquel les chances de
succès seraient accrues dans une proportion
considérable? Mais, d'autre part, s'il était
écrit que cette partie devait être perdue, tout
ce qui serait tenté pour l'empêcher le serait en
pure perte. A quoi bon lutter contre l'inexorable fatalité, lutte stérile qui ne sert qu'à
accuser la faiblesse et l'impuissance de

l'homme, devenu le misérable jouet des événements, du jour où il a cessé d'être assez fort pour les diriger? Peut-être en ce moment, par une de ces mystérieuses presciences dont, paraît-il, sont doués parfois à l'heure de leur déclin ceux qui ont joué un grand rôle sur la scène du monde, vit-il s'ouvrir devant lui le rideau qui dérobe l'avenir aux yeux des hommes! Peut-être entrevit-il, tableau lamentable et douloureux, celle qui partagea le trône avec lui, fugitive et allant chercher un asile à l'étranger,... la France, la glorieuse France de Louis XIV et de Napoléon, écrasée et humiliée, après avoir lutté jusqu'au bout avec l'énergie du désespoir... et, là-bas, celui qui s'appelle Napoléon III, mourant en exil sur un lit de douleur!

« Peut-être sa vue, allant plus loin encore, distingua-t-elle son fils, l'héritier du trône, l'espoir de sa race, tombant misérablement au service de l'Angleterre sous la lance d'un sauvage! Dès lors, à quoi bon? Tout était fini, bien fini!... Nul ne peut empêcher les destinées de s'accomplir! Nul ne peut s'opposer aux arrêts du Destin, ni retarder l'heure à laquelle ils doivent recevoir leur exécution!

« Telle est la pensée qui prévalut sans doute dans cet esprit de tout temps enclin au fatalisme; car, relevant la tête d'un air accablé, et comme vaincu par un immense découragement, l'Empereur dit d'une voix lente :

« Laissez, mon cher Maréchal, les choses comme elles sont. »

« Et alors, dans le silence profond qui emplissait la vaste pièce, en prêtant attentivement l'oreille, on eût pu entendre un bruissement léger, comme un battement d'ailes. C'était le génie familier du troisième des Napoléons qui s'envolait, en se couvrant la face, vers les régions d'où l'on revient pas. »

Au moment où le colonel achevait ces mots, un coup de tonnerre strident et effrayant ébranla la maison jusque dans ses fondements. L'orage était venu. Un vent impétueux s'éleva subitement, secouant avec violence le feuillage des arbres et courbant presque jusqu'à terre les cimes flexibles des peupliers. Une rafale entrant par les fenêtres fit filer jusqu'au plafond la flamme de la lampe et dispersa dans tous les sens les papiers qui couvraient la table.

Le colonel s'était levé et, dans un état d'agitation extrême, parcourait la pièce à grands pas, continuant son récit d'une voix grave et lugubre, que scandaient à intervalles rapprochés les éclats presque ininterrompus de la foudre :

« Le lendemain, à quatre heures du matin, les Bavarois franchissaient la Meuse sur le pont du chemin de fer qui n'avait pas été détruit, et engageaient l'action en avant de Bazeilles. Les deux armées allemandes, mettant successivement toutes leurs batteries en ligne, nous enveloppaient progressivement et méthodiquement. A une heure, leur mouvement tournant était terminé. Soixante et onze batteries faisaient converger leurs feux de trois directions différentes sur l'étroit espace dans lequel nos troupes étaient entassées [1]. A quatre heures, l'armée émiettée, désagrégée par l'action terrible de cette artillerie à laquelle la nôtre était impuissante à répondre, cessait de combattre, après avoir accompli sur divers points des efforts héroïques, et se jetait affolée dans Sedan. Le drapeau blanc était arboré, et, le surlendemain, quatre-vingt mille hommes hors d'état d'agir, impuissants à tenter quoi que ce fût, mettaient bas les armes pendant que l'Empereur Napoléon III rendait son épée à son bon frère le Roi Guillaume. »

Et se laissant tomber sur son fauteuil, le vieux colonel se jeta la tête dans les deux mains et se mit à pleurer. Au dehors, la tempête faisait rage. La nuée avait crevé et une pluie torrentielle tombait, remplissant l'air d'une odeur de terre mouillée. Peu à peu l'orage s'éloigna, les grondements de la foudre s'espacèrent, diminuant d'intensité. Mais la pluie ne discontinuait pas. Et tandis que les

1. *La guerre Franco-Allemande*, par le Grand État-Major Prussien, p. 1170.

gouttes d'eau tombaient, abondantes et pressées, ramenant la sérénité dans le ciel qui par degrés prenait des teintes plus claires, je voyais les larmes du vieux soldat tomber une à une sur la table, pluie lugubre, celle-là, et impuissante à rendre le calme au cœur désespéré duquel elle sortait.

Essuyant brusquement ses yeux, il reprit :

« Trois jours plus tard, comme j'attendais dans la presqu'île d'Iger, au milieu de nos malheureux soldats, ce qu'il conviendrait au vainqueur de faire de ses prisonniers, un major bavarois m'apporta, en me priant de la faire parvenir, si c'était possible, à la famille de celui auquel elle avait appartenu, une bague trouvée sur un officier français dont le corps avait été recueilli à Bazeilles. A la description qu'il me fit de l'uniforme dont le mort était revêtu, pantalon d'un rouge vif à bandes d'argent, épaulettes et aiguillettes de même métal, je ne doutai pas que ce ne fût un des officiers de la maison de l'Empereur. Un de mes camarades auquel je montrai la bague, reconnut sur la cornaline gravée les armes du jeune commandant qui, dans la soirée du 31 août, avait essayé de conjurer un désastre trop facile à prévoir. Désespéré de n'avoir pu réussir à se faire écouter, il avait dû chercher la mort et n'avait pas eu de peine à la trouver Je ne le plaignis pas. Il n'avait pas eu la douleur de voir le drapeau de la France abaissé et humilié. La Providence s'était montrée généreuse à son égard en lui accordant une faveur qu'elle avait refusée à d'autres. »

. . . . . . . . . . . . . . . .

. . . . . . . . . . . . . . . .

Ces paroles dites, il garda le silence et sembla s'abîmer dans ses pensées douloureuses. J'attendis encore quelques minutes, puis croyant comprendre qu'il était décidé à ne plus parler, je me retirai doucement sur la pointe des pieds.

Au dehors, le calme était revenu. L'orage était loin et la pluie avait cessé. De grosses gouttes restées suspendues aux arbres, ricochaient de feuille en feuille et tombaient avec un bruit mat sur le sol détrempé. Une fraîcheur subite avait succédé à la chaleur accablante de tout à l'heure. Le ciel entièrement dégagé était baigné des pâles clartés de la lune, dont le globe échancré s'élevait à ma gauche au-dessus d'un massif d'acacias. Je suivis rapidement l'allée, faisant craquer le sable humide sous mes pieds, et rentrai chez moi, profondément troublé par le récit que je venais d'entendre.

Ainsi, l'on eût pu peut-être éviter l'épouvantable désastre de Sedan en prenant d'autres dispositions que celles auxquelles on s'était arrêté! Un homme de cœur s'était levé qui en avait fourni des preuves indiscutables, et cet homme n'avait pas été écouté? Quelle étrange révélation venait de m'être faite! Et comment se faisait-il que jamais jusqu'à ce jour, je n'eusse entendu parler de cette importante réunion de tous les chefs de l'armée en présence de l'Empereur?

Il me revint à la mémoire que des divers ouvrages publiés au sujet de cette néfaste journée par plusieurs de ceux qui y avaient joué un rôle important, aucun ne faisait mention d'une semblable réunion, dont l'importance était telle cependant qu'il n'eût pas été possible de la passer sous silence. Bièn plus, je me souvins que les auteurs de ces écrits, donnant l'emploi de leur temps dans la soirée qui avait précédé la bataille, précisaient avoir bivouaqué et passé la nuit au milieu de leurs troupes. Aucun d'eux ne semblait même être allé à Sedan.

Ne devais-je pas en déduire que ce conseil de guerre tenu à la sous-préfecture n'avait existé que dans l'imagination exaltée du vieux colonel, qu'il avait inventé tout ce qui s'y était dit, et qu'en me faisant cette sombre narration il avait agi sous l'empire d'une de ces surexcitations cérébrales qui lui enlevaient la conscience exacte des paroles qu'il prononçait et ne lui permettaient plus de discerner ses rêves d'avec la réalité? C'était bien probable. C'était même certain. Je ne pouvais conserver aucun doute à ce sujet.

Au reste, je me proposai d'éclaircir entièrement le fait. Il me sembla que le procédé le plus simple consistait à m'adresser au colonel lui-même et à m'efforcer, un jour où il me semblerait dans son état normal, de le ramener sur ce même terrain.

C'est ce que j'essayai à quelques jours de là, dès que j'eus cru avoir trouvé une occasion favorable. Mais je n'eus pas à me féliciter de ma tentative. Aux premiers mots que je lui adressai touchant cette question, il manifesta un étonnement qui n'était pas simulé et ne parut rien comprendre à ce que je lui demandais. Comme j'insistais, il me regarda d'un air tel que je jugeai préférable d'en rester là. Et depuis, jamais je ne l'entendis prononcer une seule parole se rapportant même de loin à cette fatale journée.



FIN

# TABLE DES MATIÈRES




177-06. — Coulommiers. Imp. Paul BRODARD. — 6-06.